みんなで、つくろう！
おりがみのはこどうぶつ
木村良寿

もくじ

折り図の見方…6ページ

正方形1枚で折る はこどうぶつ

Cube-Whale はこくじら…8ページ

Cube-Penguin Chick はこぺんぎん ひな…11ページ

Cube-Cat はこねこ…14ページ

Collie コリー…18ページ

Afghan Hound アフガンハウンド…22ページ

この本に関するご質問は、お電話またはWebで
書名／おりがみの はこどうぶつ
本のコード／NV70403
担当／斎藤
Tel：03-5261-5197（平日13：00～17：00受付）
Webサイト「日本ヴォーグ社の本」http://book.nihonvogue.co.jp/
※サイト内（お問い合わせ）からお入りください。（終日受付）
（注）Webでのお問い合わせはパソコン専用となります。

※この本で使っているおりがみの大きさは、ひよこ・ひよこ（生まれたて）以外はすべて15×15cmです。
※本誌に掲載の作品を、複製して販売（店頭、ネットオークション等）することは禁止されています。
手づくりを楽しむためにのみご利用ください。

正方形2枚で折る はこどうぶつ

Cube-Elephant はこぞう…26ページ

Cube-Hippo A・B はこかばA・B…30ページ

Drawer Tanuki ひきだしたぬき…36ページ

Footballfish ちょうちんあんこう…41ページ

Cube-Orca はこしゃち…47ページ

French Bulldog フレンチブル…52ページ

Sperm Whale まっこうくじら…57ページ

Drago-box B・K ドラゴボックスB・K…62ページ

Pyramid-Rooster はこおんどり・**Pyramid-Hen** はこめんどり

Chick・Chick, newborn ひよこ・ひよこ（生まれたて）…70ページ

折り図の見方

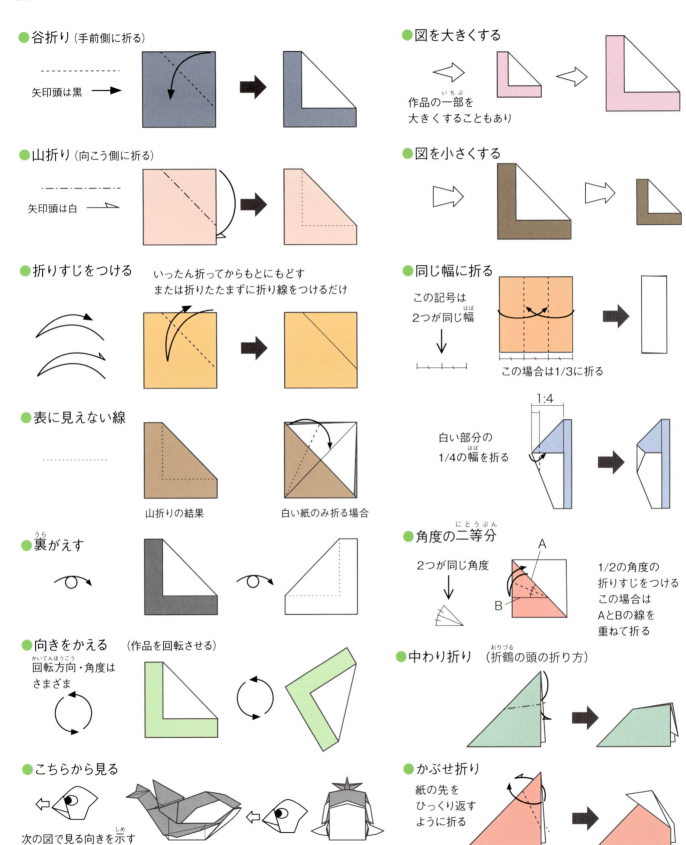

正方形1枚で折る はこどうぶつ

正方形のおりがみ1枚でつくれるはこどうぶつです。
折ったり、ひらいたり、折りすじをつけたりして、胴体部分からつくっていきます。

Cube-Whale
はこくじら／8ページ

Cube-Penguin Chick
はこぺんぎん ひな／11ページ

Cube-Cat
はこねこ／14ページ

Collie
コリー／18ページ

Afghan Hound
アフガンハウンド／22ページ

haco doubutu

Cube-Whale
はこくじら

小さなおびれでじょうずに泳ぐくじら。
体をはこの形にしてからおびれを折ります。

海の中をすいすい

haco doubutu

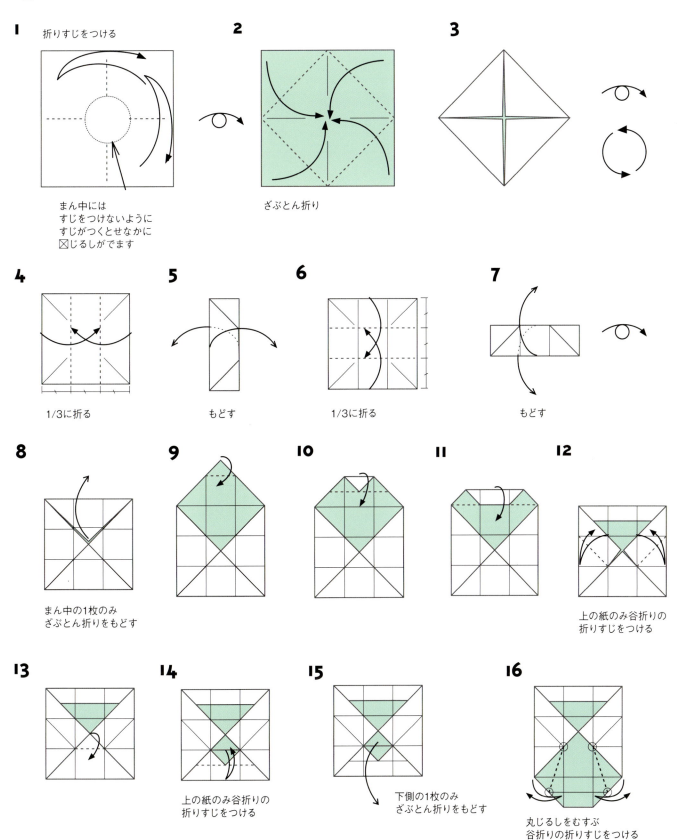

Cube-Whale はこくじら

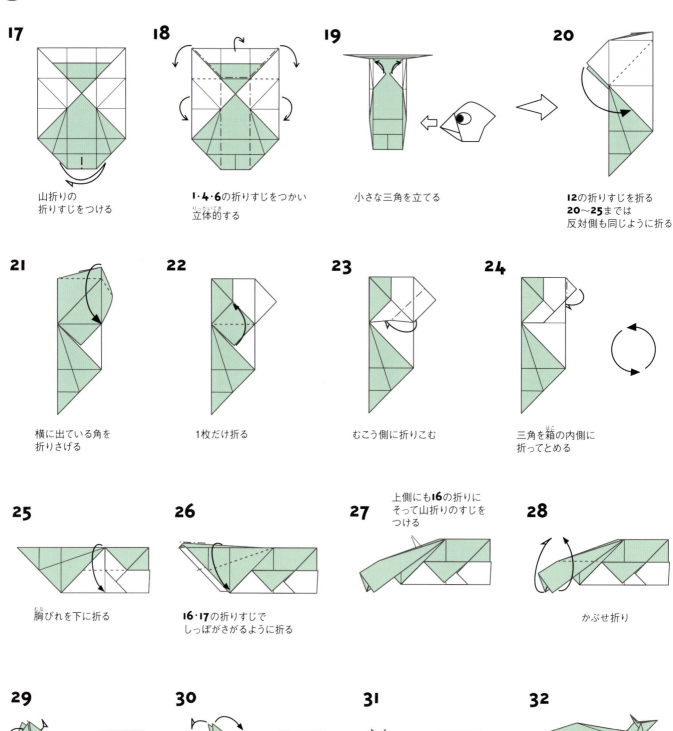

Cube-Penguin Chick
はこぺんぎん ひな

顔をななめにつくり、小さな足を折り曲げます。
体をゆらしながら歩く、かわいい姿(すがた)を思いうかべて。

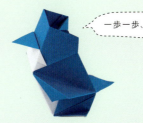

一歩一歩、歩こう

haco doubutu

Cube-Penguin Chick はこぺんぎん ひな

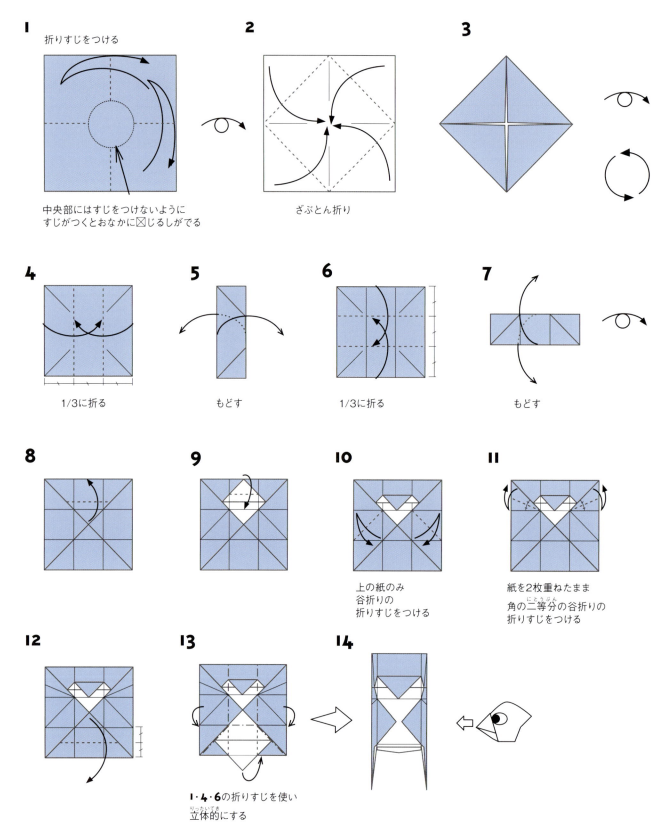

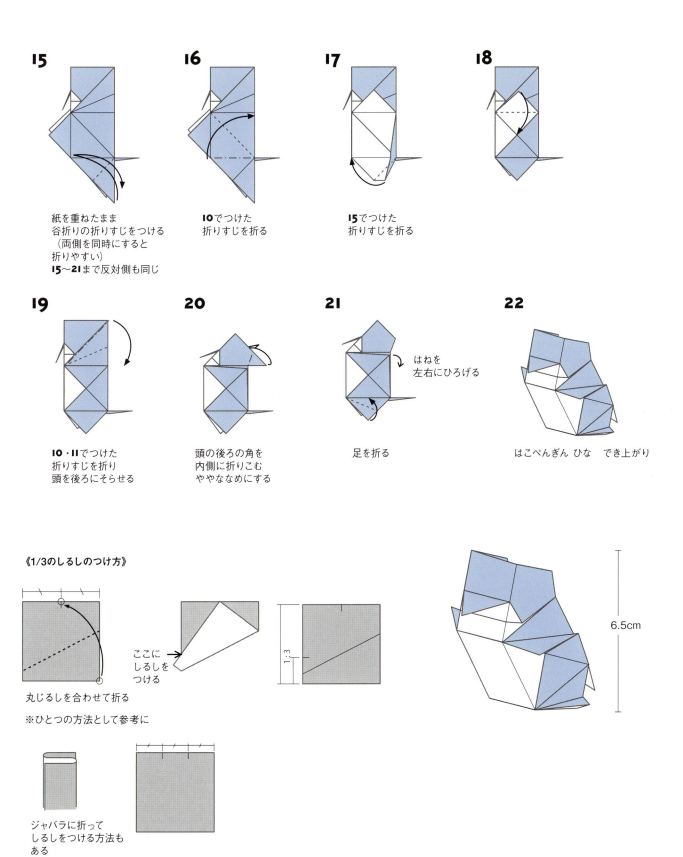

Cube-Cat
はこねこ

同じに折っても顔の表情が少しずつかわってきます。
お気に入りのねこをつりましょう。

遊ぼう　にゃん！

haco doubutu

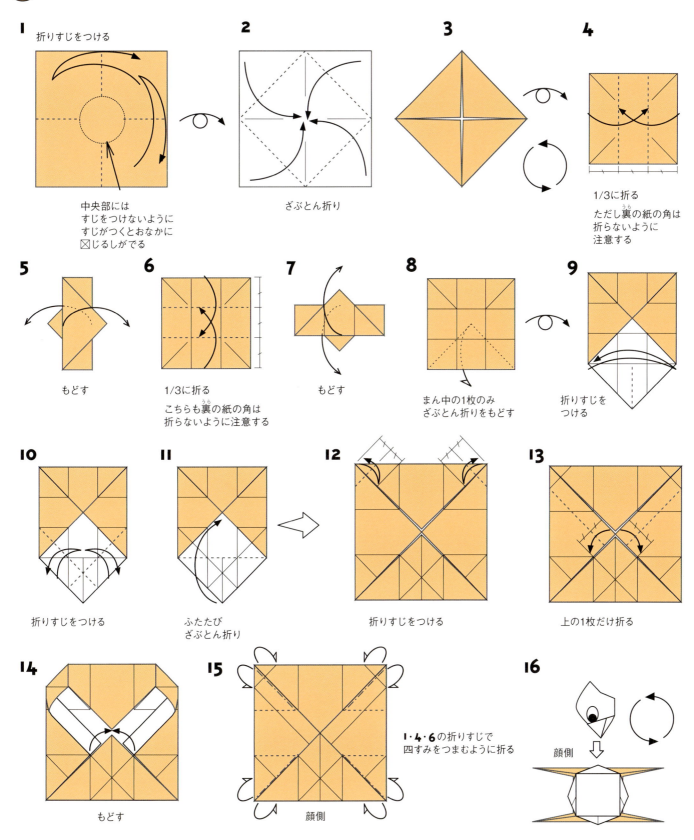

Cube-Cat はこねこ

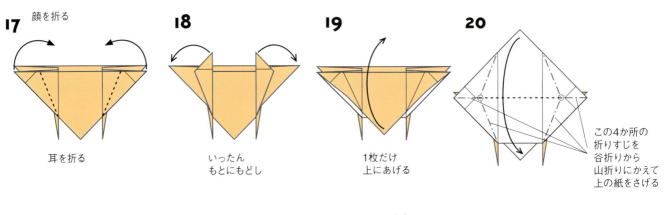

17 顔を折る / 耳を折る
18 いったんもとにもどし
19 1枚だけ上にあげる
20 この4か所の折りすじを谷折りから山折りにかえて上の紙をさげる

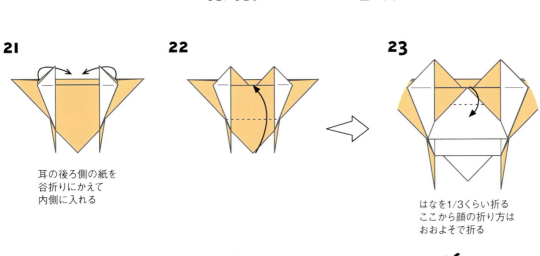

21 耳の後ろ側の紙を谷折りにかえて内側に入れる
22
23 はなを1/3くらい折る ここから顔の折り方はおおよそで折る

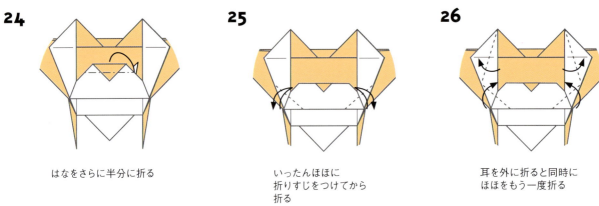

24 はなをさらに半分に折る
25 いったんほほに折りすじをつけてから折る
26 耳を外に折ると同時にほほをもう一度折る

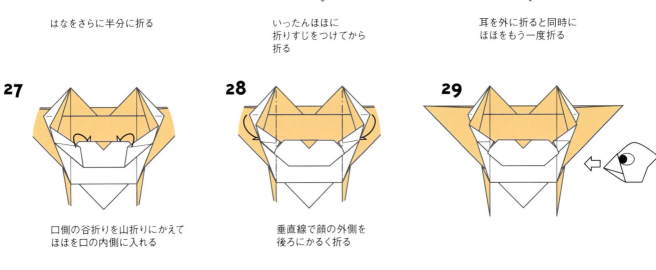

27 口側の谷折りを山折りにかえてほほを口の内側に入れる
28 垂直線で顔の外側を後ろにかるく折る
29

haco doubutu

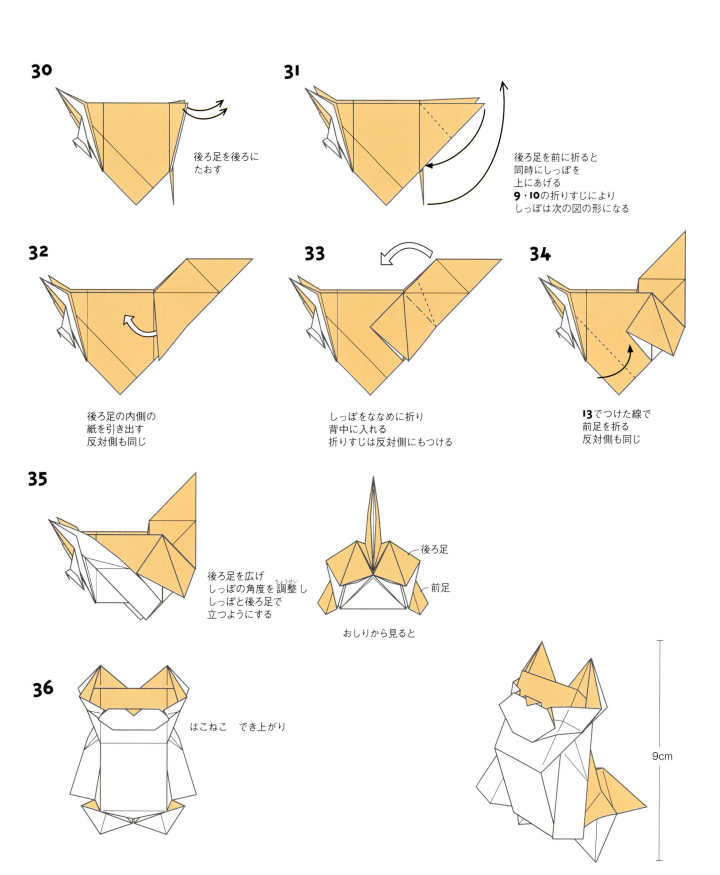

Collie
コリー

ツンととび出したコリーのはな。
はな先はおりがみを折りかえしています。

クンクン、おいしそう！

haco doubutu

# Collie コリー

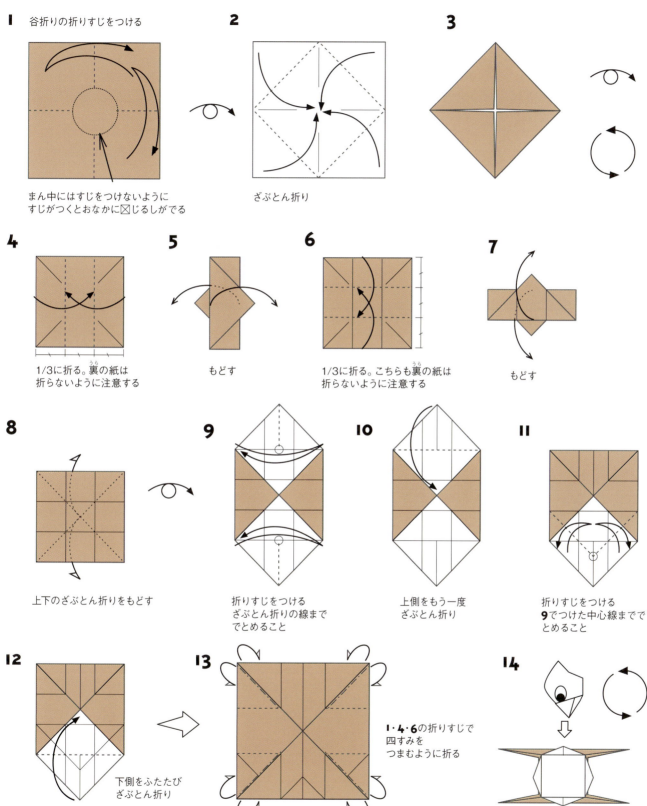

Collie コリー

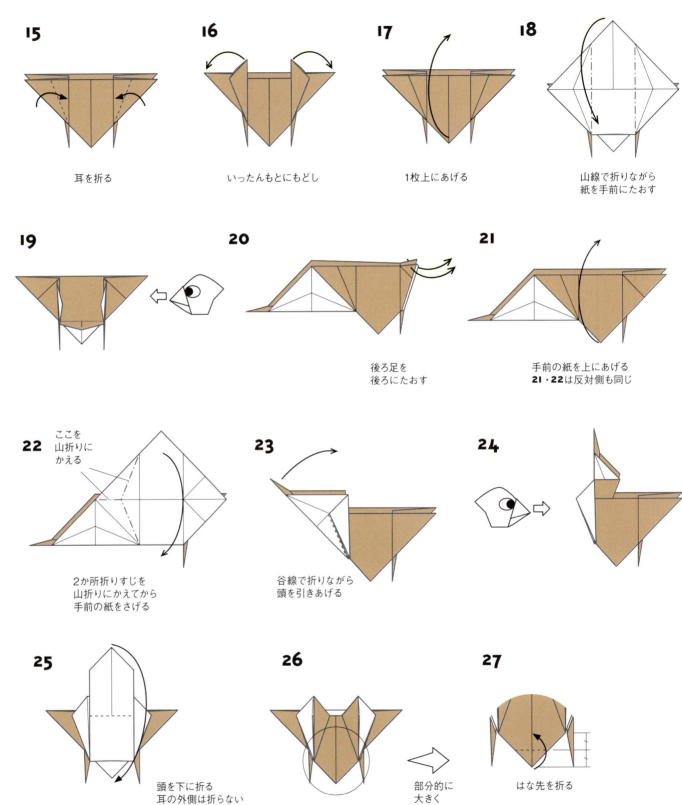

15 耳を折る

16 いったんもとにもどし

17 1枚上にあげる

18 山線で折りながら紙を手前にたおす

19

20 後ろ足を後ろにたおす

21 手前の紙を上にあげる 21・22は反対側も同じ

22 ここを山折りにかえる / 2か所折りすじを山折りにかえてから手前の紙をさげる

23 谷線で折りながら頭を引きあげる

24

25 頭を下に折る 耳の外側は折らないように注意すること

26 部分的に大きく

27 はな先を折る

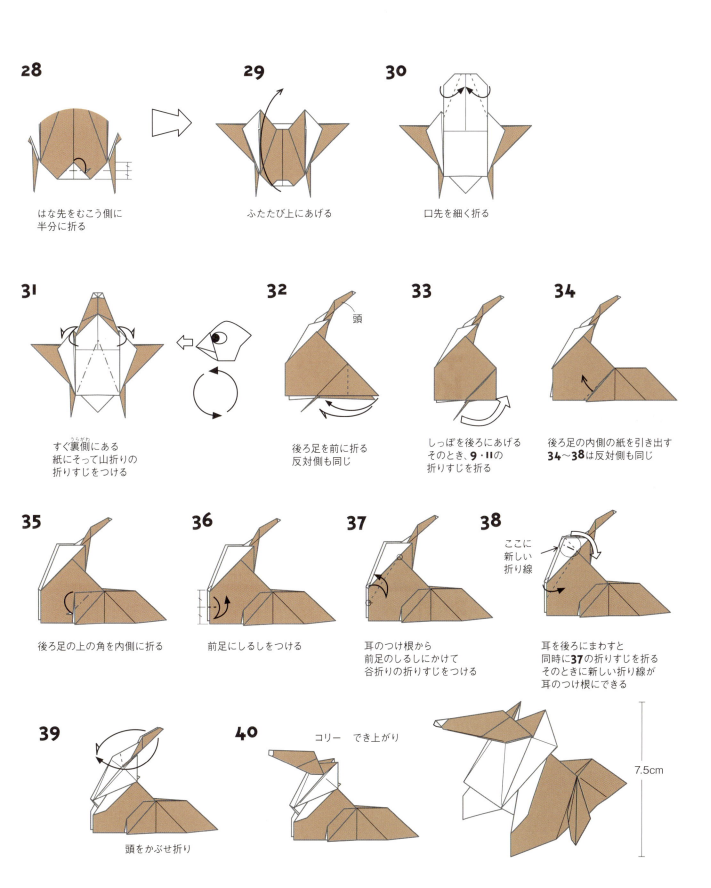

Afghan Hound
アフガンハウンド

最初の折りすじのつけ方はコリーと同じです。
後ろのへこんだところに、クリップなどを入れて。

お出かけ、ワン！

haco doubutu

Afghan Hound アフガンハウンド

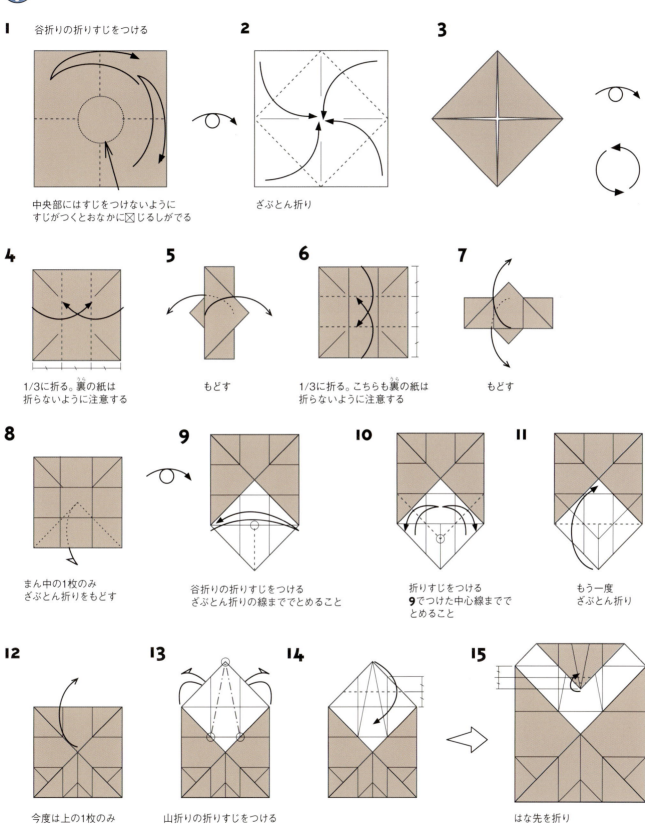

Afghan Hound アフガンハウンド

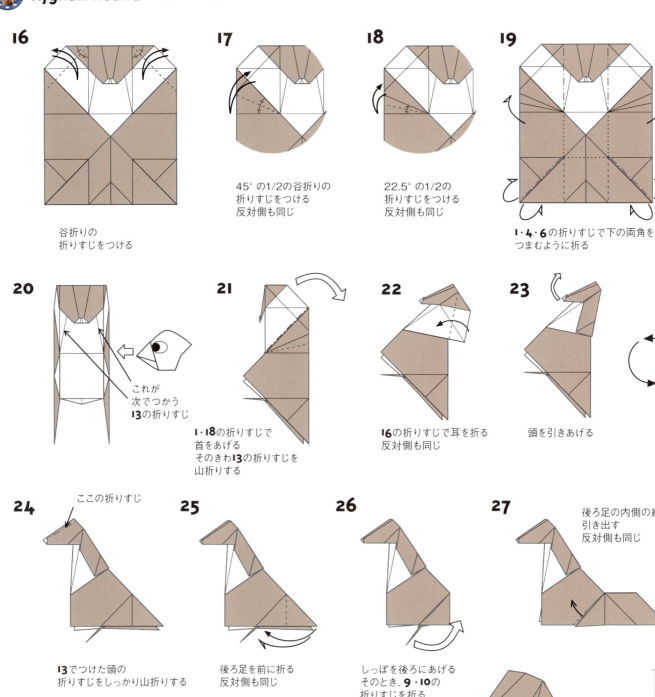

正方形 2 枚で折る
はこどうぶつ

正方形のおりがみ2枚を、上半分と下半分に分けて折り、組み合わせます。
細かい部分のあるどうぶつは、ひと折りずつゆっくりと。

Cube-Elephant
はこぞう／26ページ

Cube-Hippo A・B
はこかばA・B／30ページ

Drawer Tanuki
ひきだしたぬき／36ページ

Footballfish
ちょうちんあんこう／41ページ

Cube-Orca
はこしゃち／47ページ

French Bulldog
フレンチブル／52ページ

Sperm Whale
まっこうくじら／57ページ

Drago-box B.K
ドラゴボックスB・K／62ページ

Pyramid-Rooster.Pyramid-Hen
はこおんどり・はこめんどり／70ページ

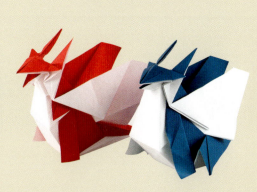

haco doubutu

Cube-Elephant
はこぞう

上下を分けてつくります。
下部分の四角いはこにキバを折り、上部分のはな先はくるんと曲げてかぶせます。

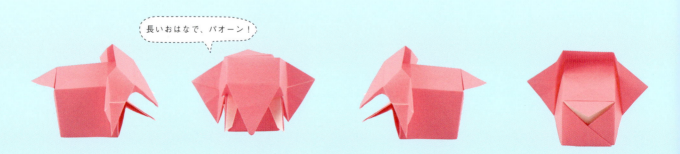

長いおはなで、パオーン！

Cube-Elephant はこぞう

上半分を折る

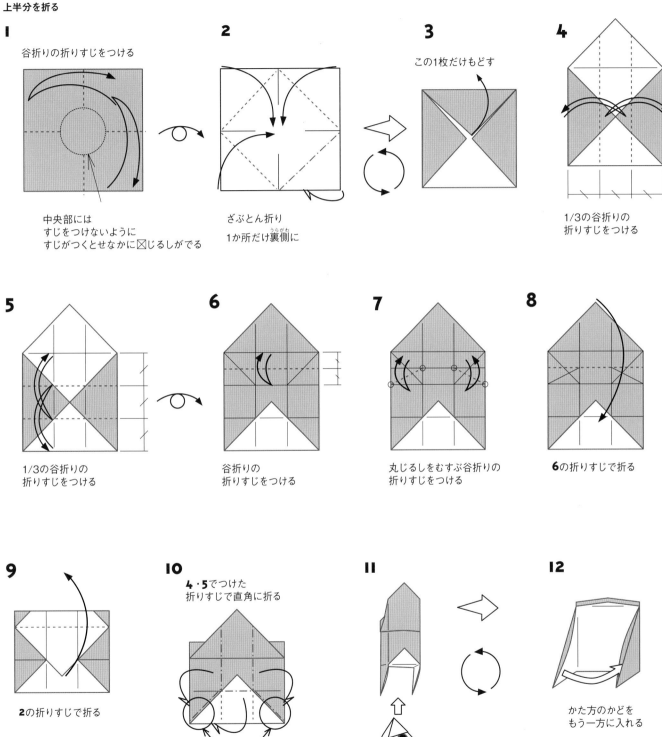

Cube-Elephant はこぞう

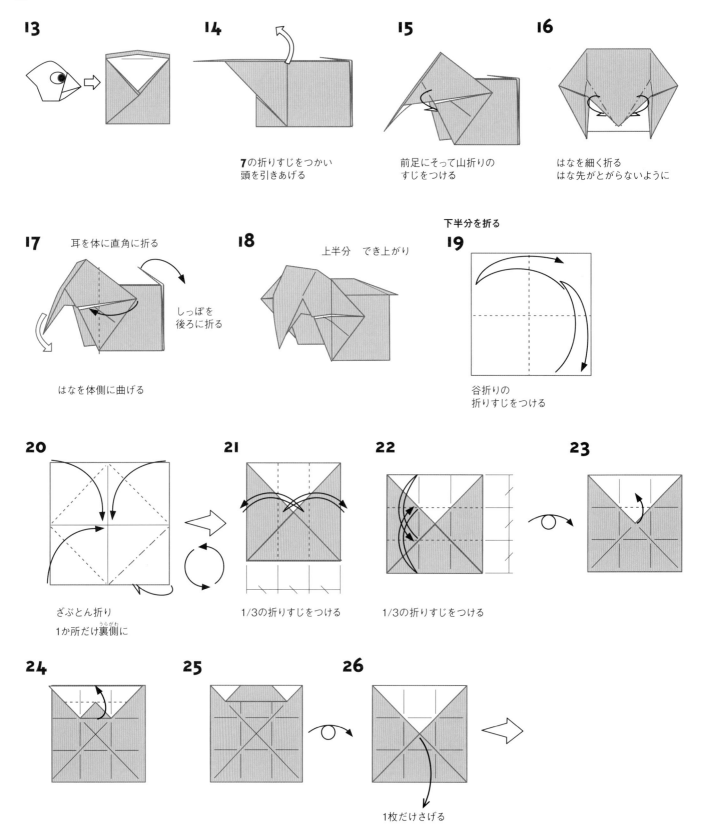

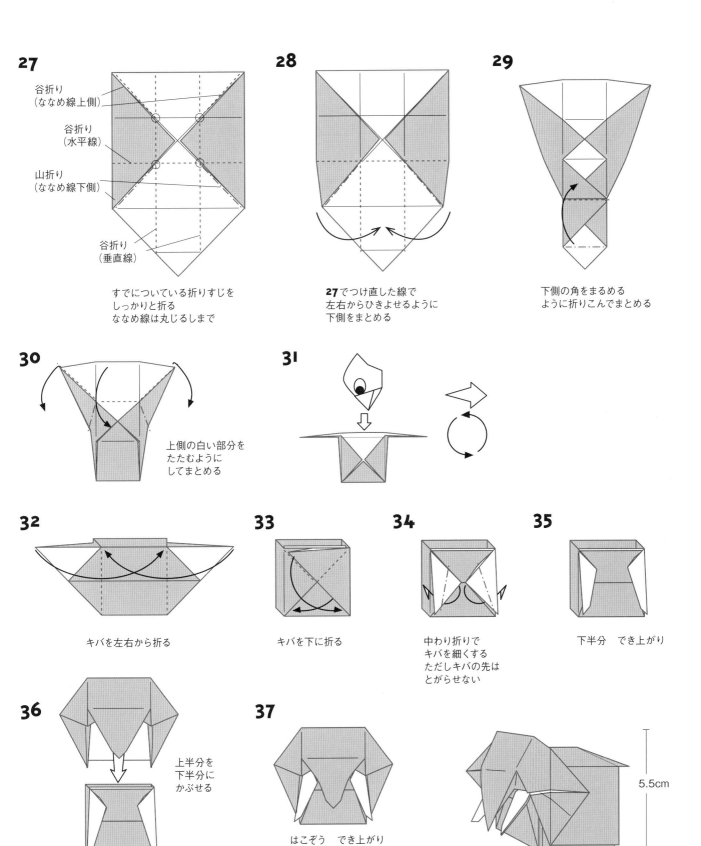

Cube-Hippo A・B
はこかば A・B

AとBの上半分の折り方は同じで、
下部分のあごの形をAは平らに、Bは上向きにかえています。

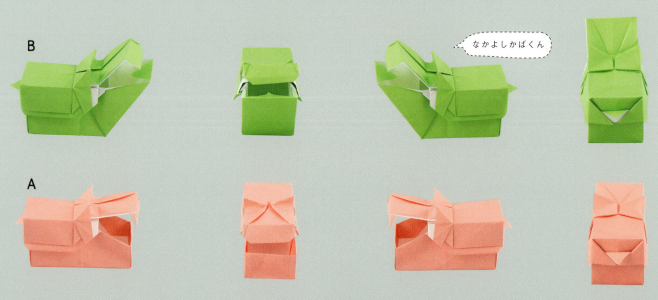

なかよしかばくん

haco doubutu

Cube-Hippo A・B はこかば A・B

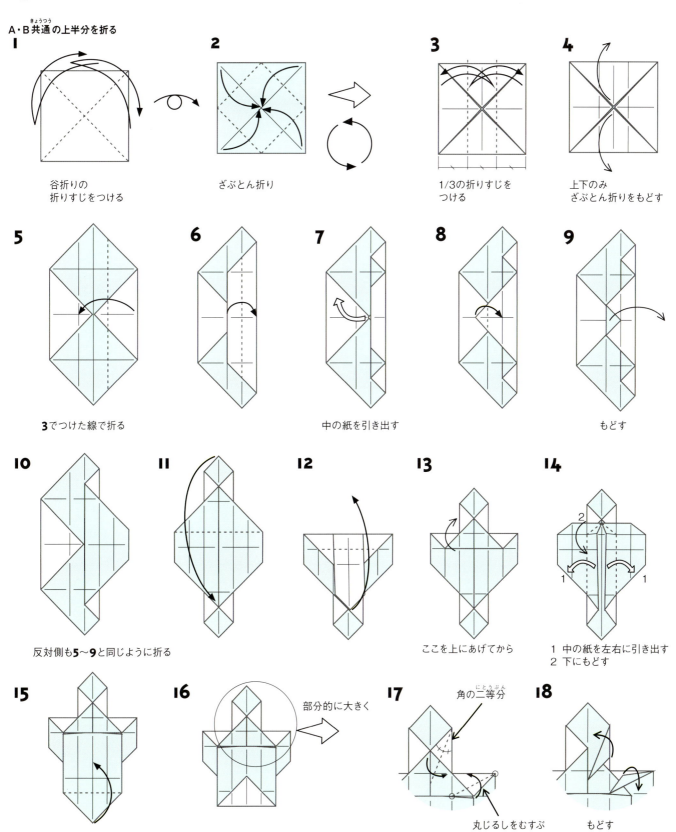

Cube-Hippo A.B はこかば A・B

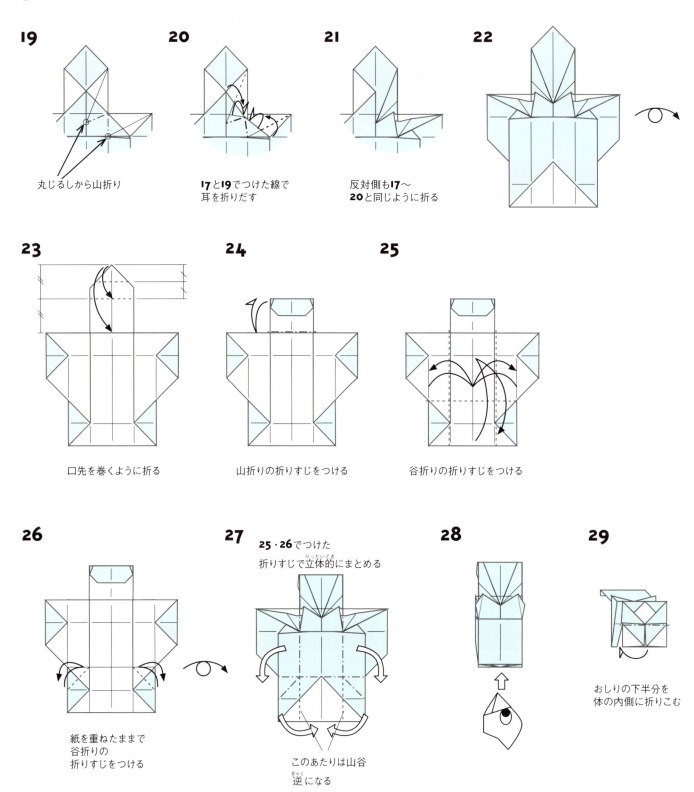

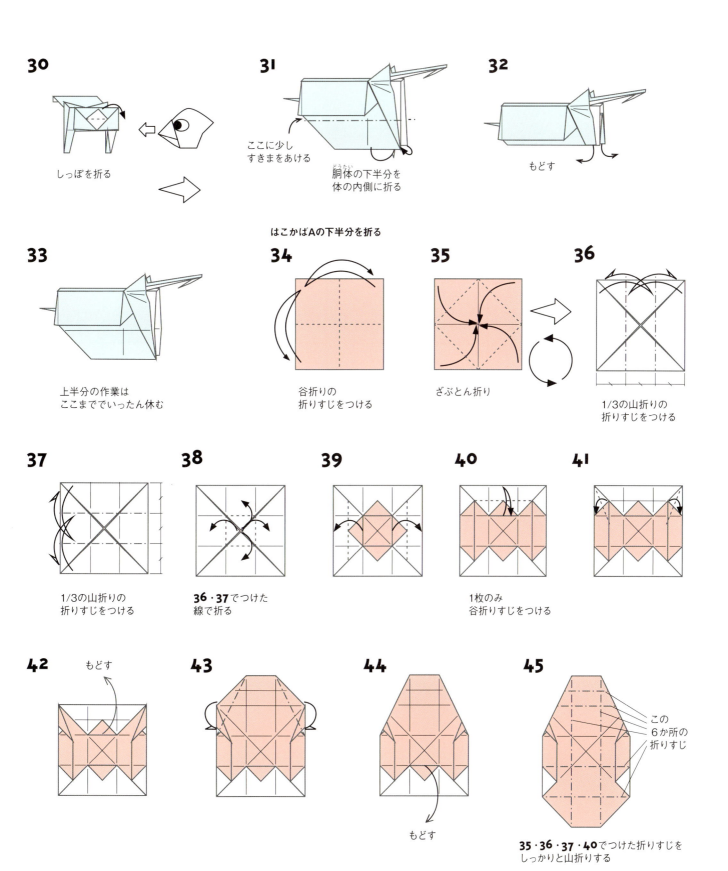

Cube-Hippo A.B はこかば A・B

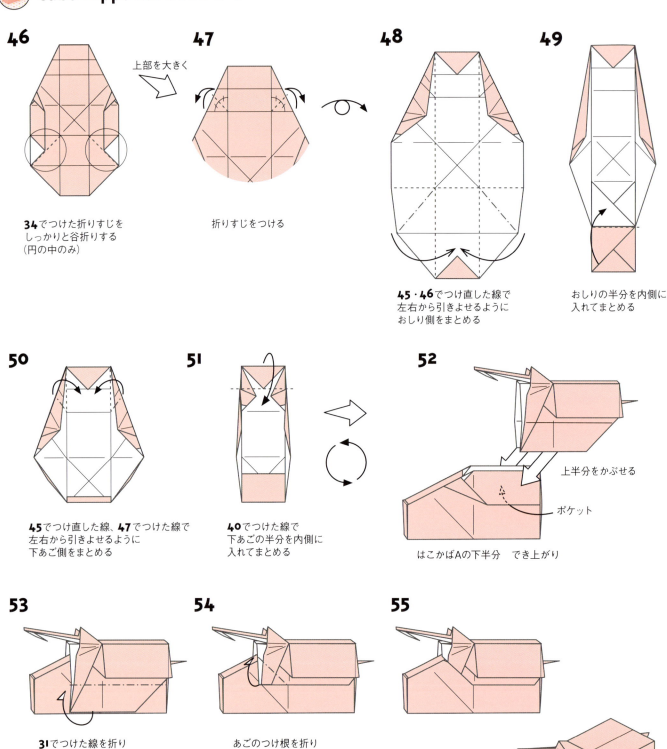

46 34でつけた折りすじを
しっかりと谷折りする
（円の中のみ）

47 上部を大きく
折りすじをつける

48 45・46でつけ直した線で
左右から引きよせるように
おしり側をまとめる

49 おしりの半分を内側に
入れてまとめる

50 45でつけ直した線、47でつけた線で
左右から引きよせるように
下あご側をまとめる

51 40でつけた線で
下あごの半分を内側に
入れてまとめる

52 上半分をかぶせる
ポケット
はこかばAの下半分　でき上がり

53 31でつけた線を折り
上半分を下半分のポケットに
折りこんでとめる
反対側も同じ

54 あごのつけ根を折り
上半分をさらに折りこんでとめる
反対側も同じ

55 はこかばA
でき上がり
9cm

haco doubutu

はこかばBの下半分を折る

56 Aの下半分の**39**まで折る
3か所もどす

57 谷折りの折りすじをつける

58 山折りの折りすじをつける
のこりの1か所ももどす

59 山折りで直角に立てる

60 **57**・**58**でつけた折りすじをつかい下あごを上に上げる反対側も同じ

61 このあたりは下あごに少しかかる
上部を大きく
あごをとめる反対側も同じ

62 先を内側に折りこむ反対側も同じ

63 左右からひきよせるようにおしり側をまとめる

64 おしりの半分を内側に入れてまとめる

65 上半分をかぶせる
ポケット
はこかばBの下半分 でき上がり

66 **31**でつけた線を折り上半分を下半分のポケットに折りこんでとめる反対側も同じ

67

68 あごのつけ根を折り上半分をさらに折りこんでとめる反対側も同じ

はこかばB でき上がり　9.5cm

haco doubutu

Drawer Tanuki
ひきだしたぬき

頭と背中で1枚、おなかのひきだしでもう1枚を使います。
ひきだしの手前に、三角に折ってかわいい手をつくります。

ぽんぽこぽん

haco doubutu

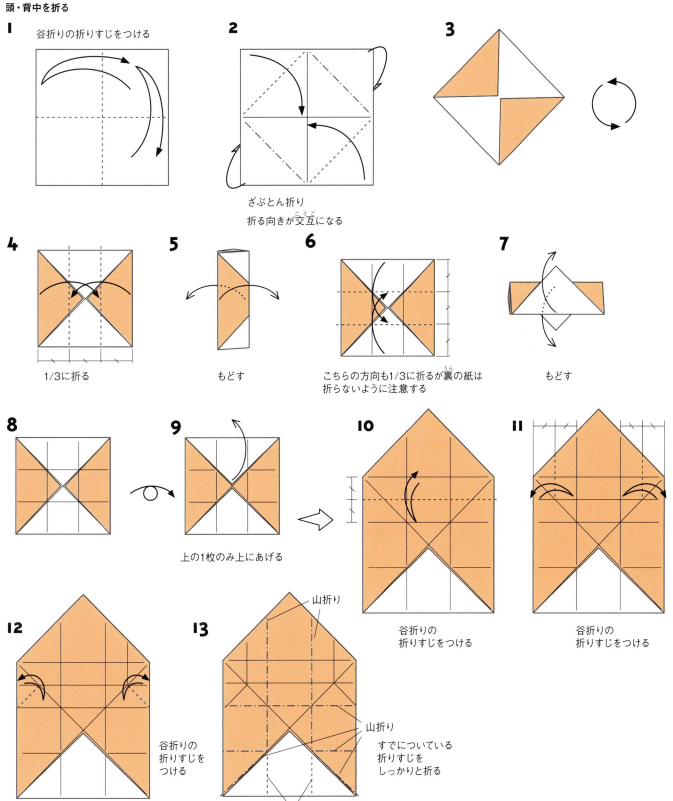

Drawer Tanuki ひきだしたぬき

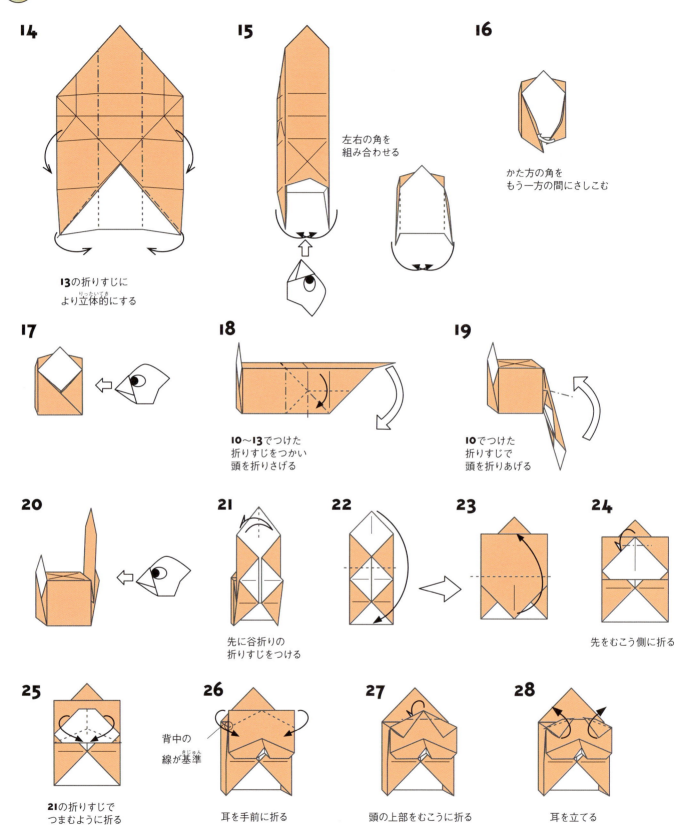

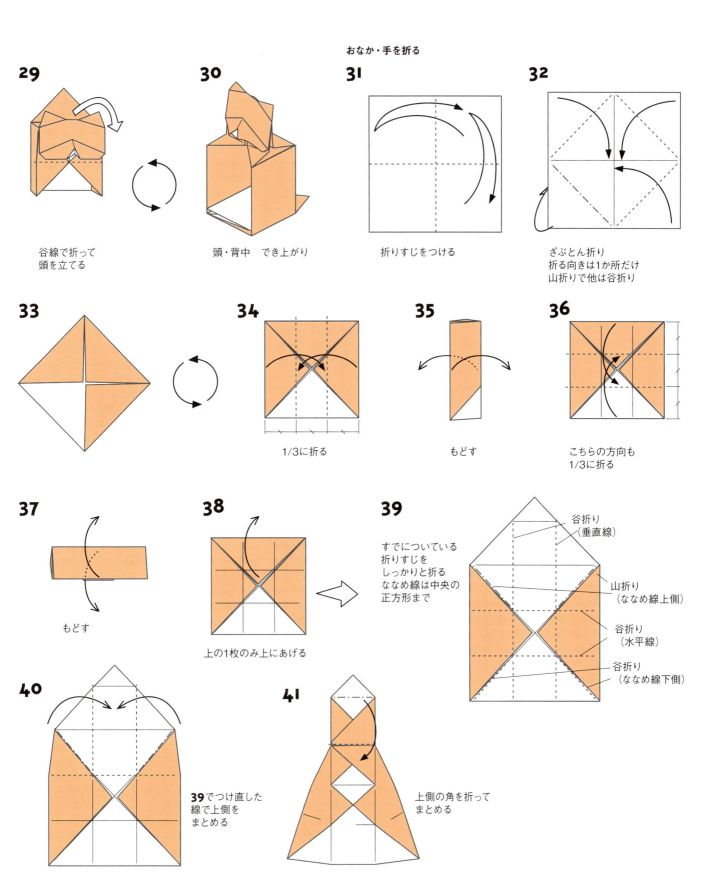

Drawer Tanuki ひきだしたぬき

42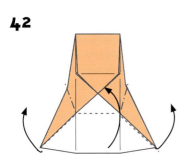
下側の白い三角を
持ちあげるように
してまとめる

43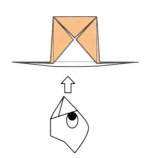

44
白い三角の先を
すでについている折り線で
内側に折りこむ

45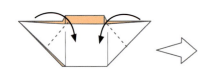

46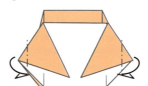

47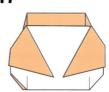
おなか・手　でき上がり

48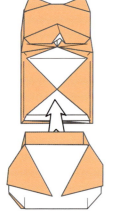
おなか・手を頭・背中に
さしこむ

49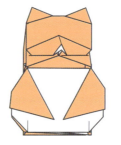
ひきだしたぬき　でき上がり

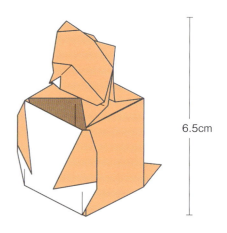
6.5cm

haco doubutu

Footballfish
ちょうちんあんこう

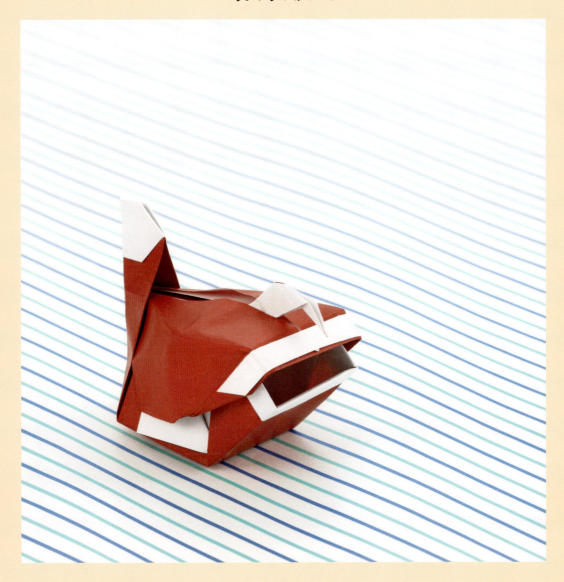

上と下をそれぞれに折ります。
折り上がった上半分の後ろはじを、下半分のしっぽにはさみます。

光をはなつ人気者

haco doubutu

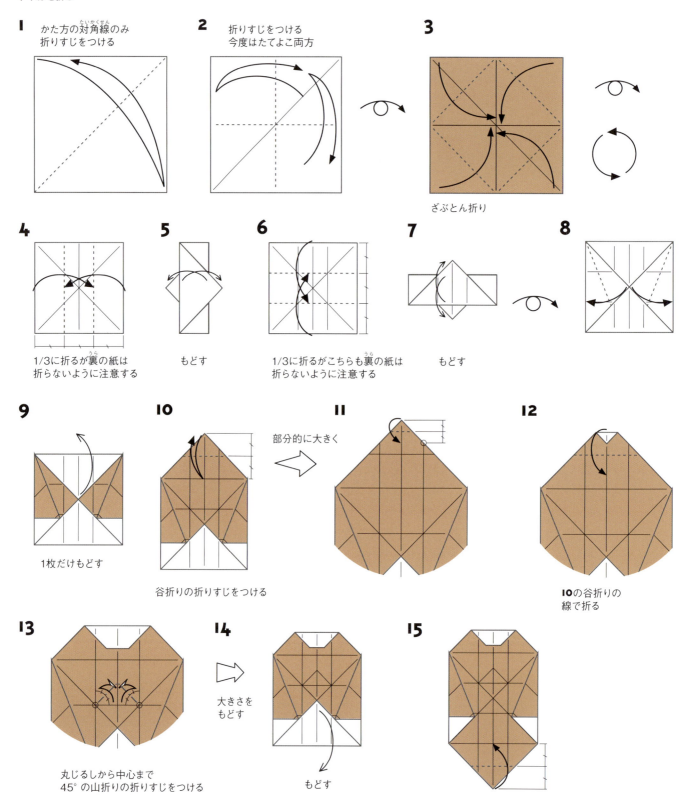

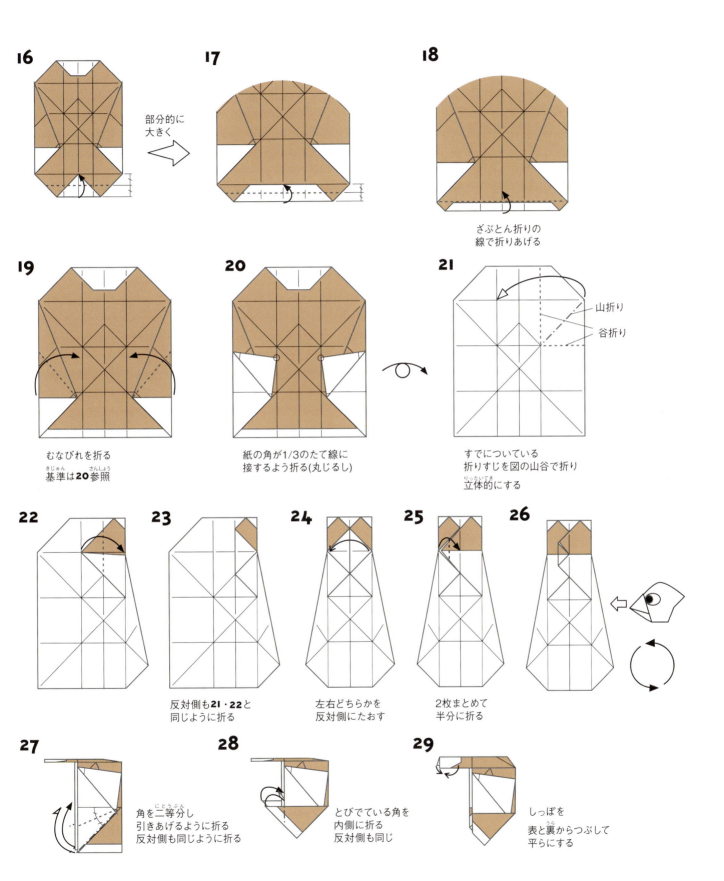

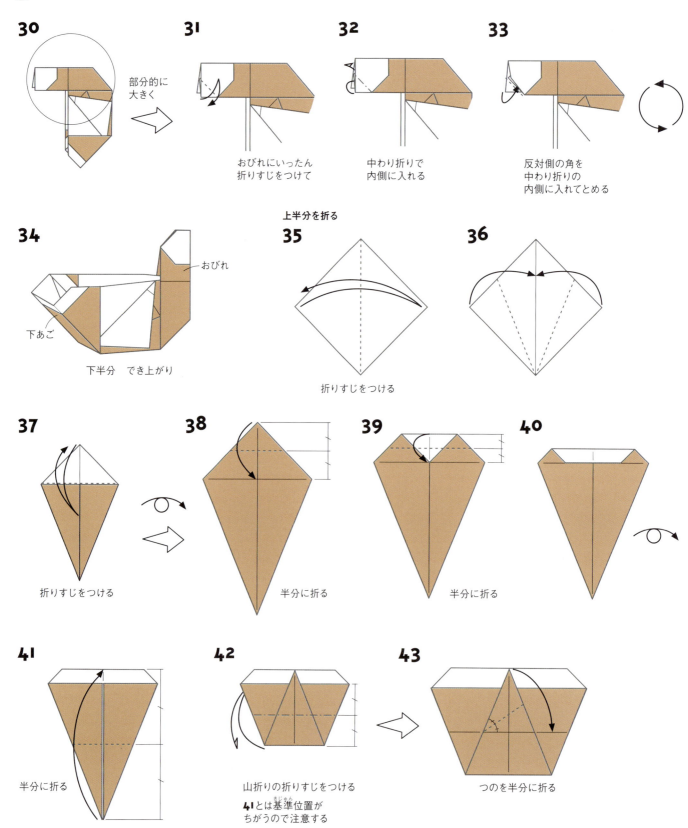

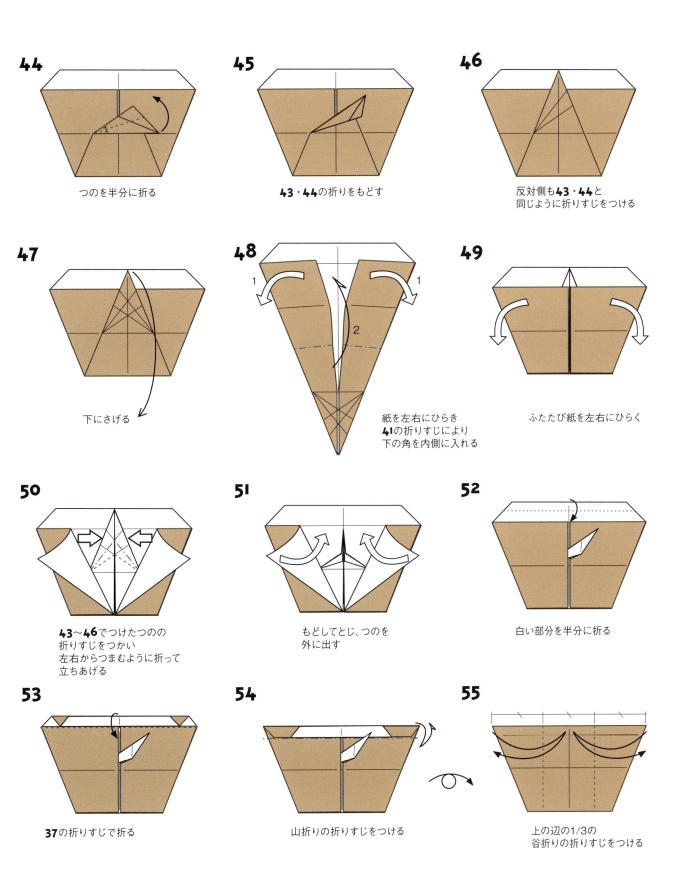

Footballfish ちょうちんあんこう

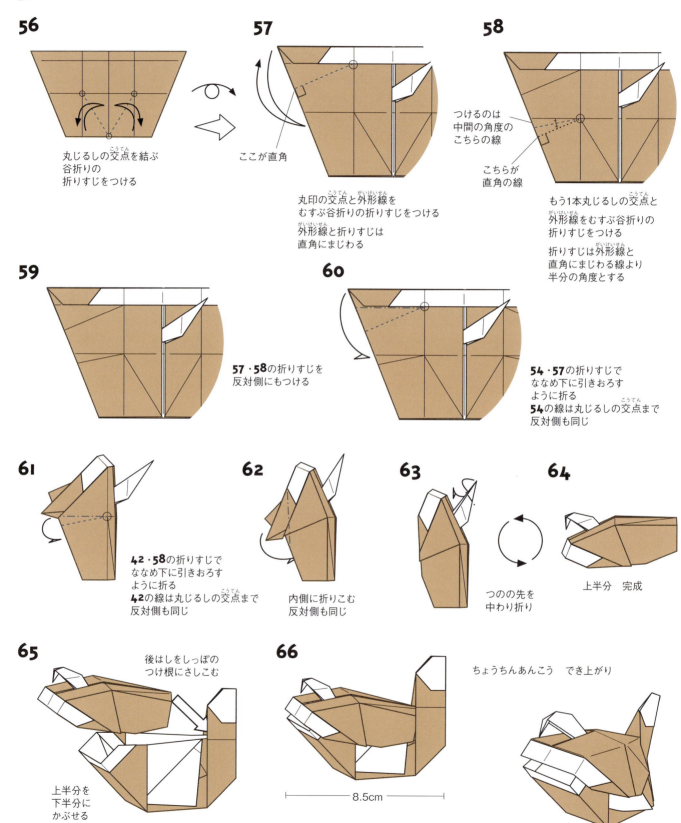

Cube-Orca
はこしゃち

上半分と下半分をそれぞれに折り、上あごと下あごの先をそろえます。
背びれはきれいな三角に折りましょう。

海面からジャンプ!!

haco doubutu

Cube-Orca はこしゃち

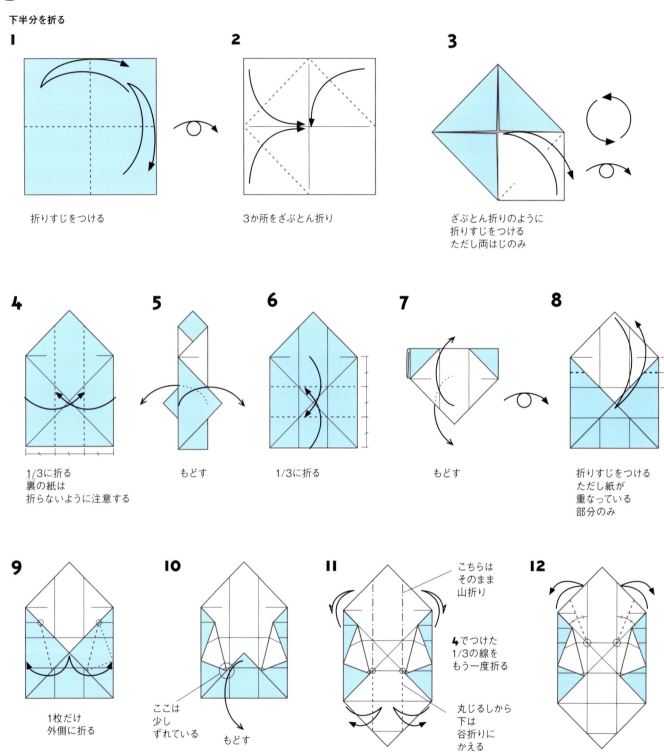

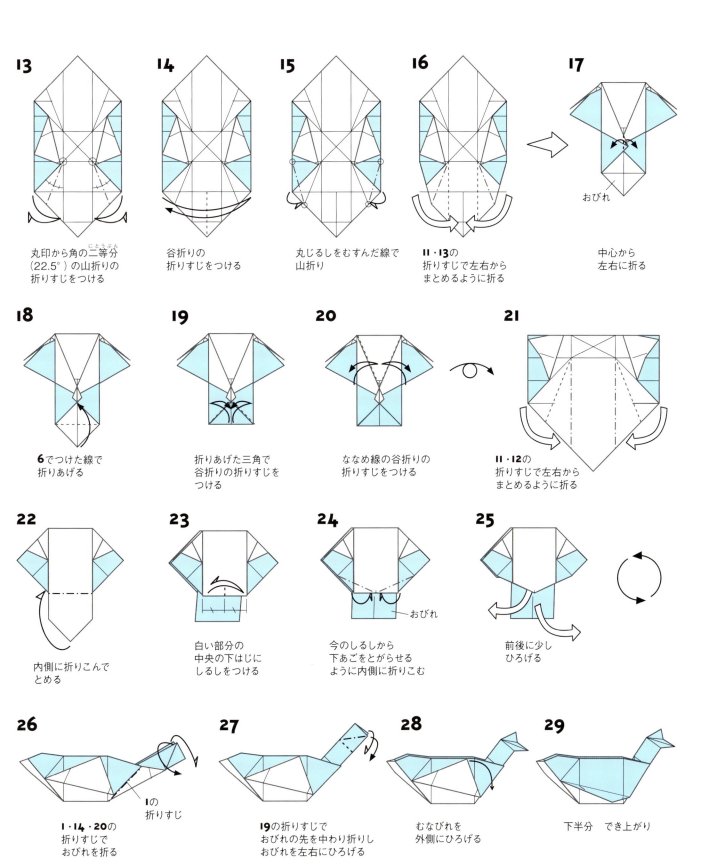

Cube-Orca はこしゃち

上半分を折る

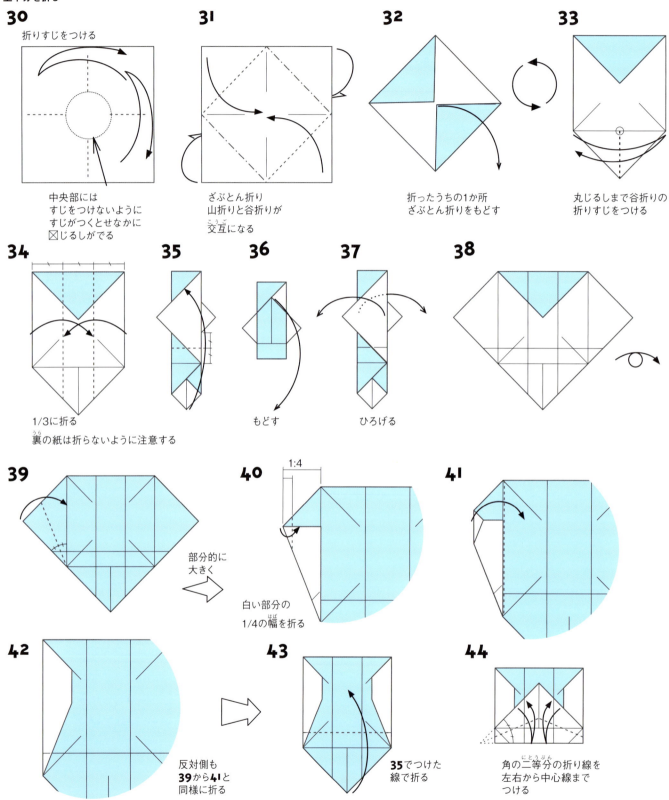

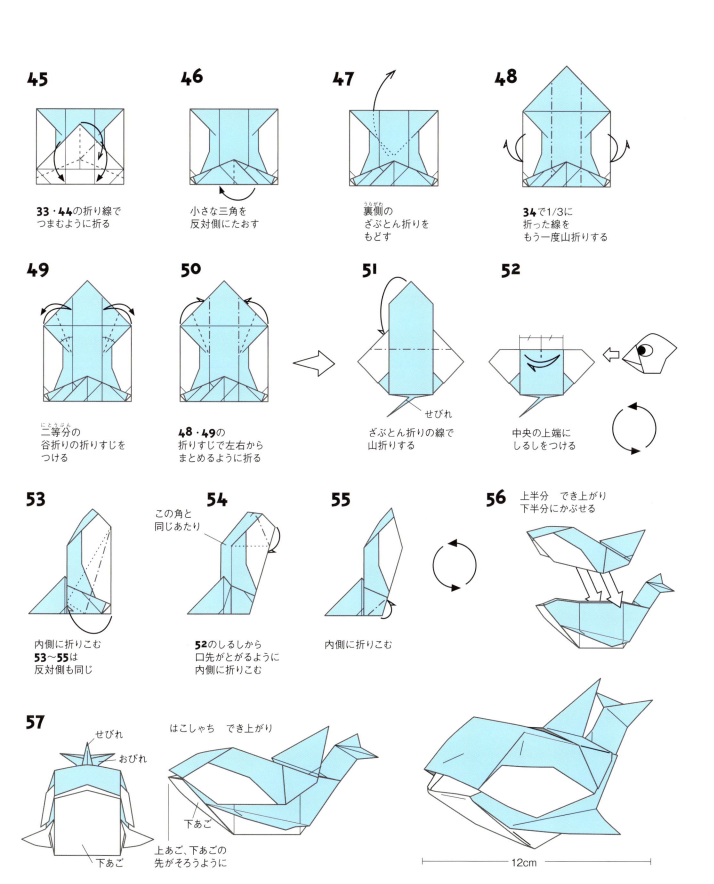

French Bulldog
フレンチブル

折り上げた前半分と後ろ半分を合わせて、
重なっている前足を前に折って仕上げます。

トレードマークは
コウモリ耳

haco doubutu

French Bulldog フレンチブル

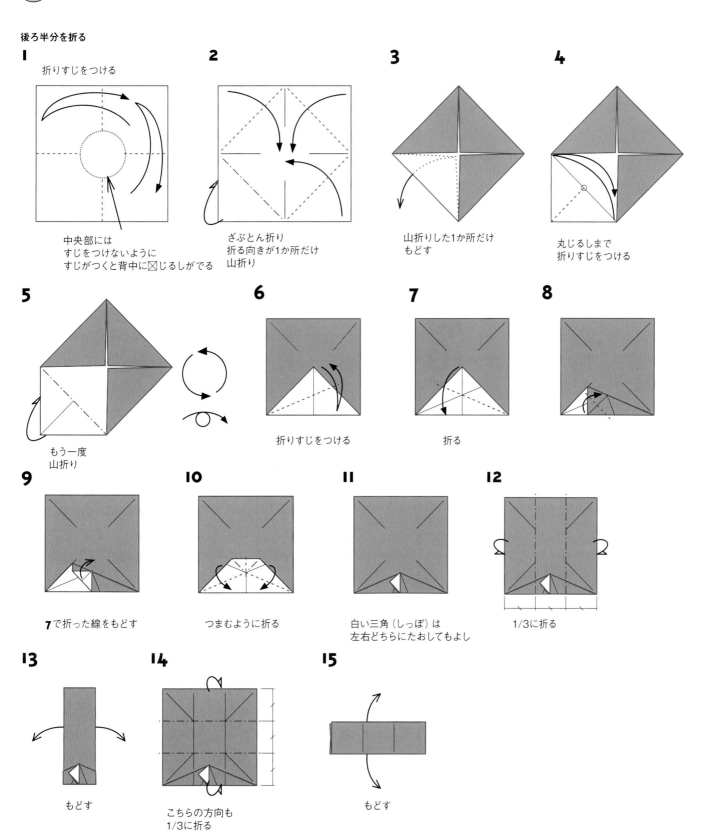

French Bulldog フレンチブル

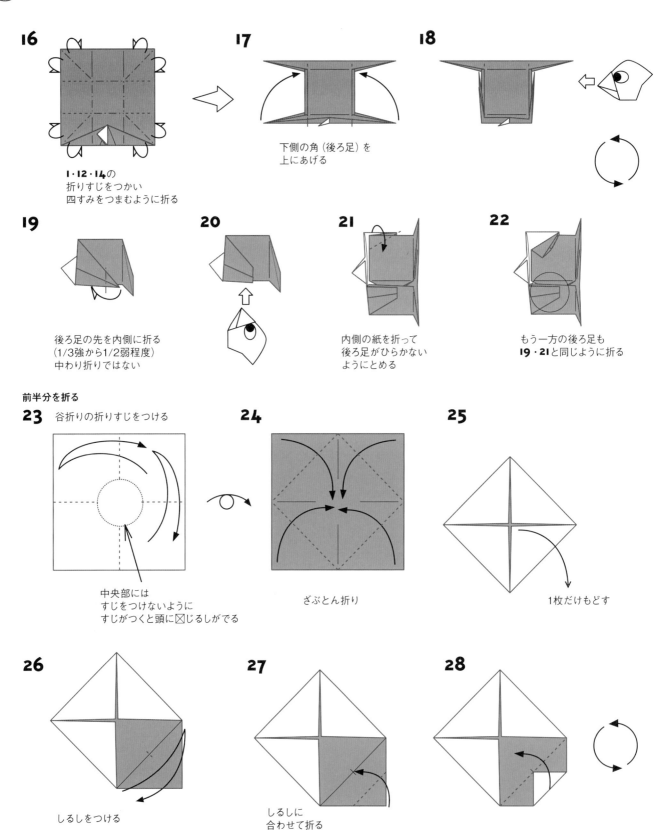

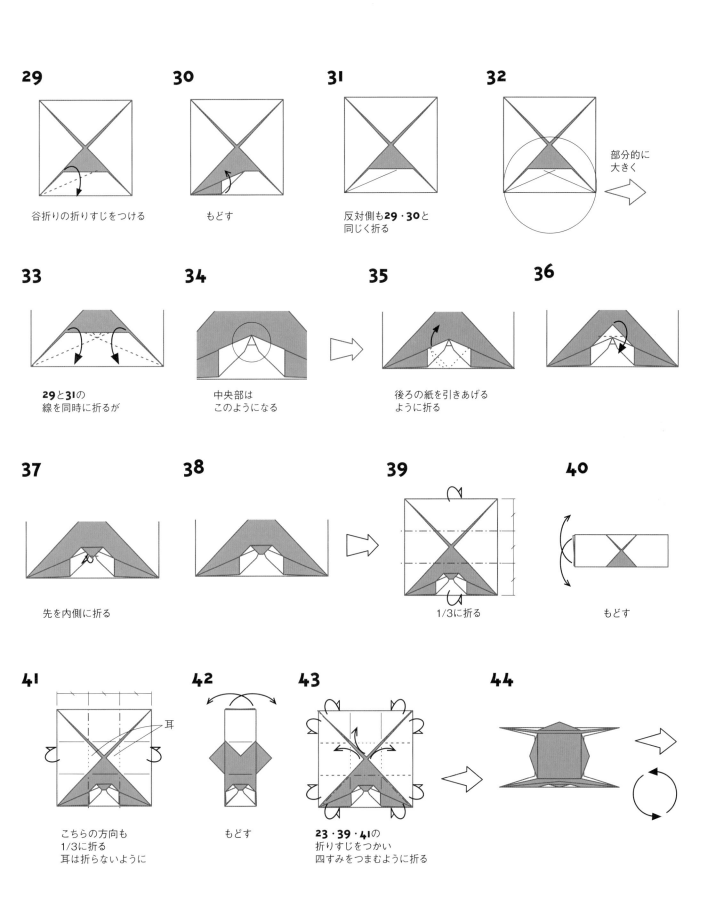

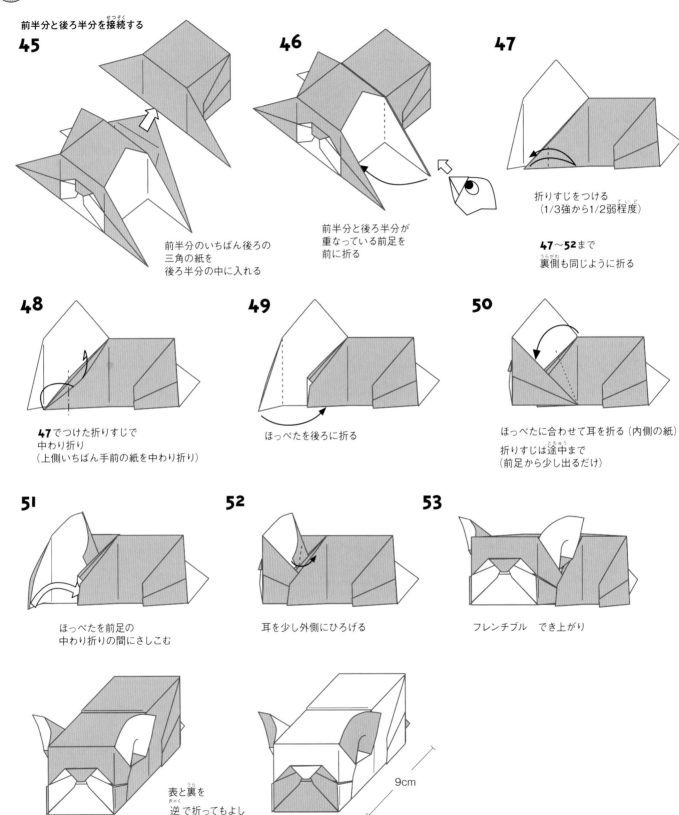

Sperm Whale
まっこうくじら

下半分は船のように折り、
上半分は下半分と同じ幅に折って、尾びれをつくってかぶせます。

つき出たおでこのひみつは？？？

haco doubutu

Sperm Whale まっこうくじら

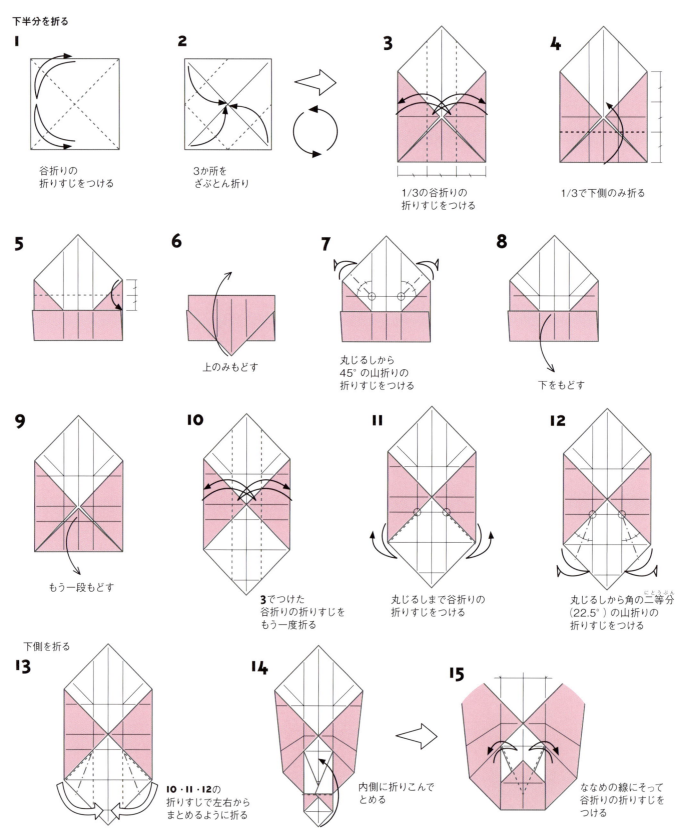

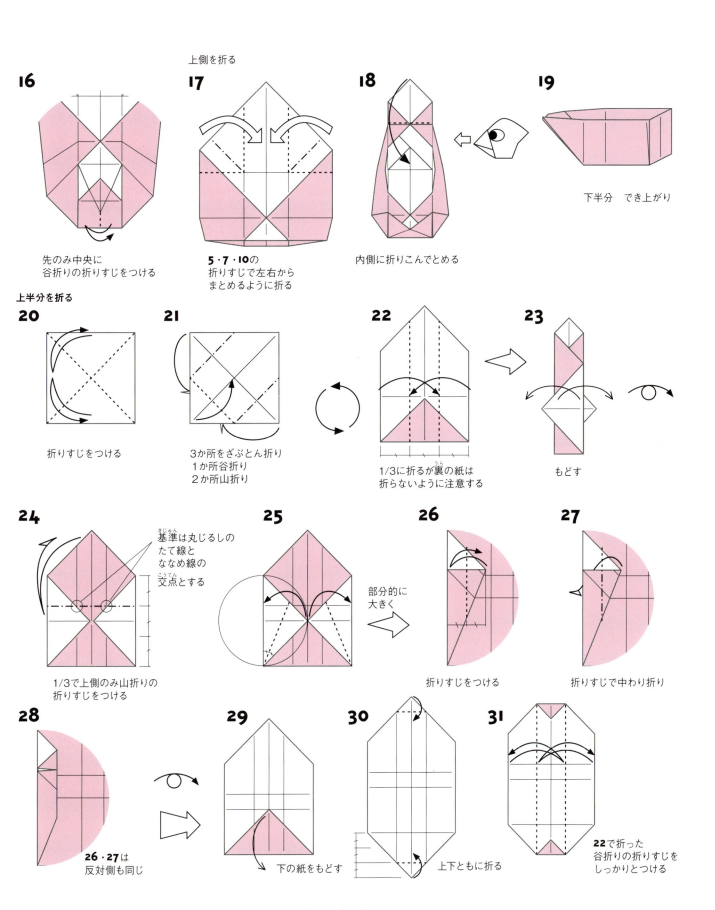

Sperm Whale まっこうくじら

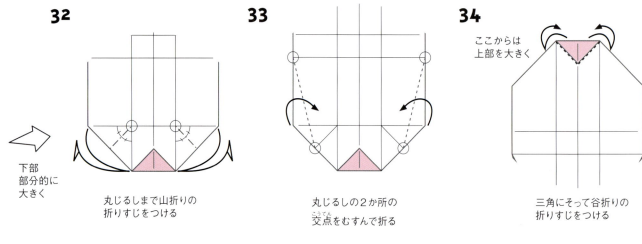

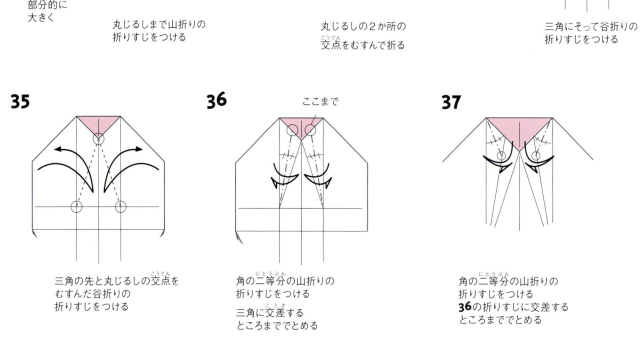

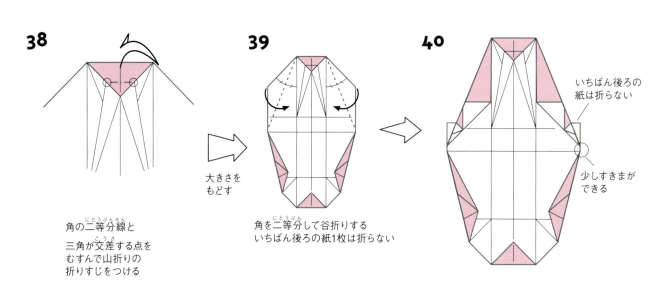

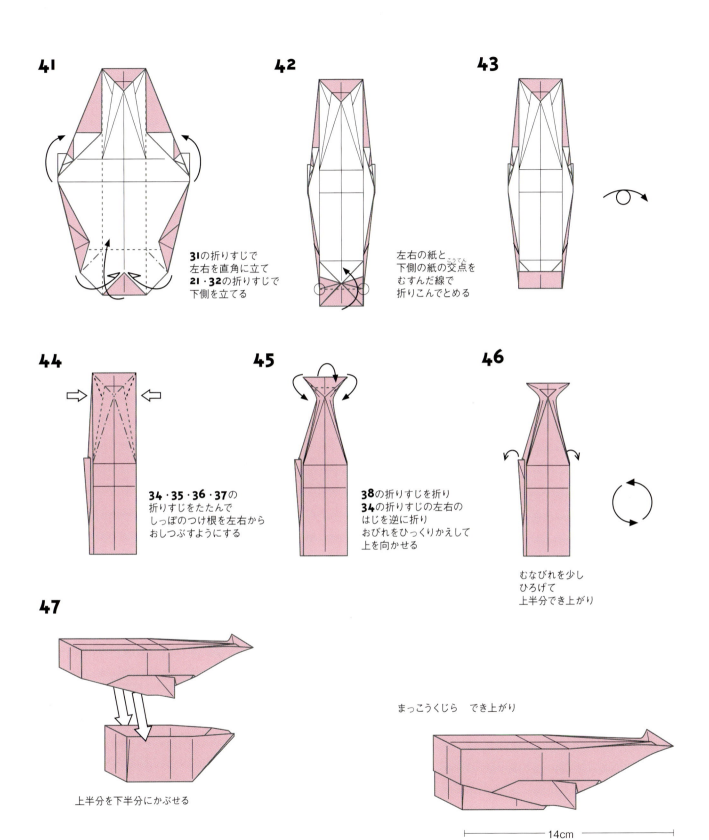

Drago-box B・K
ドラゴボックス B・K

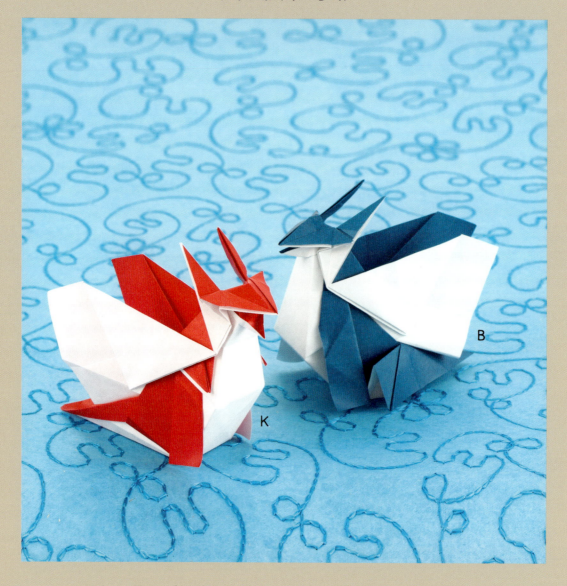

BとKの頭とつばさの折り方は同じで、下半分の体が足を少しかえています。
体と頭、つばさを組み合わせます。

ぎゃあおぉぉー

haco doubutu

Drago-box B·K ドラゴボックス B・K

B・K共通の頭・つばさを折る

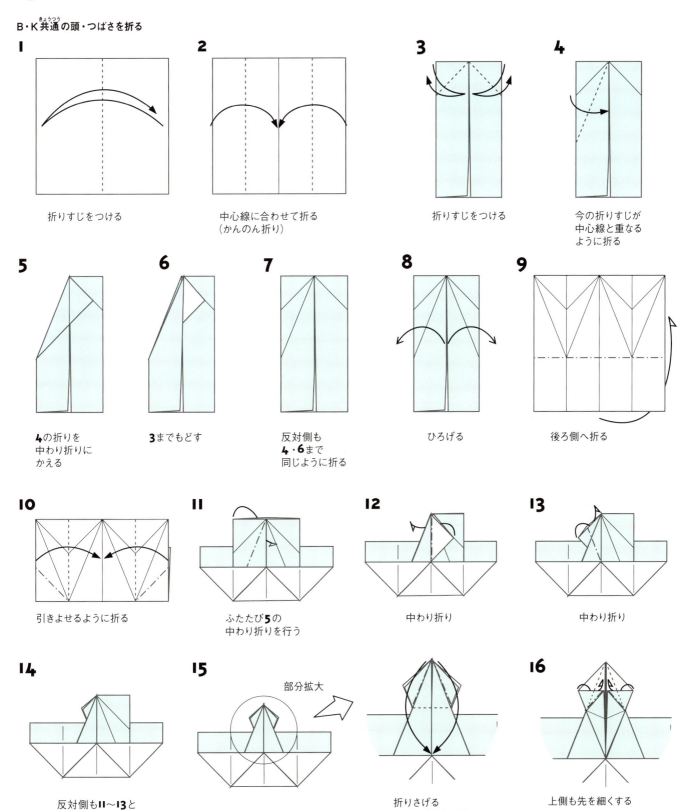

haco doubutu

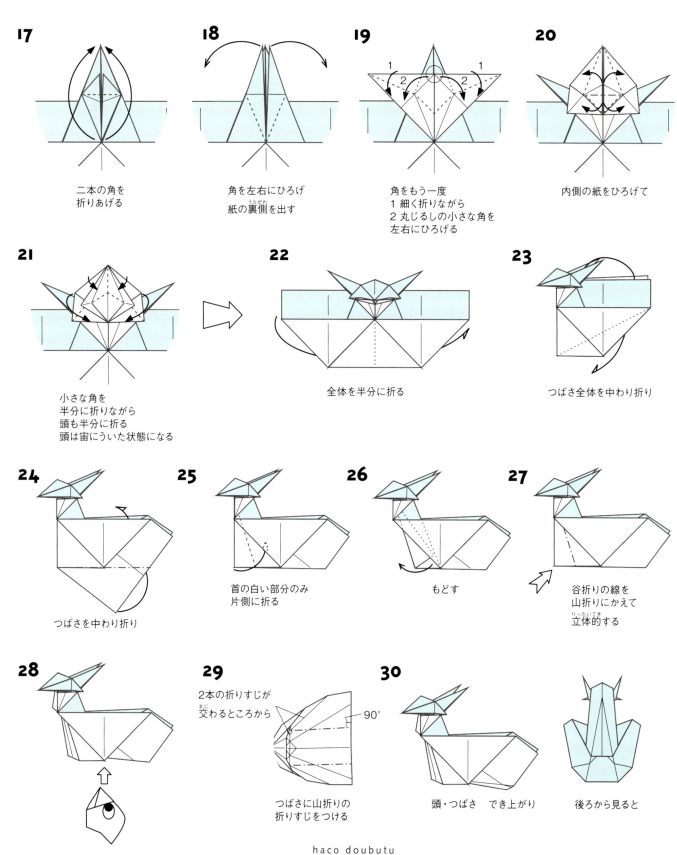

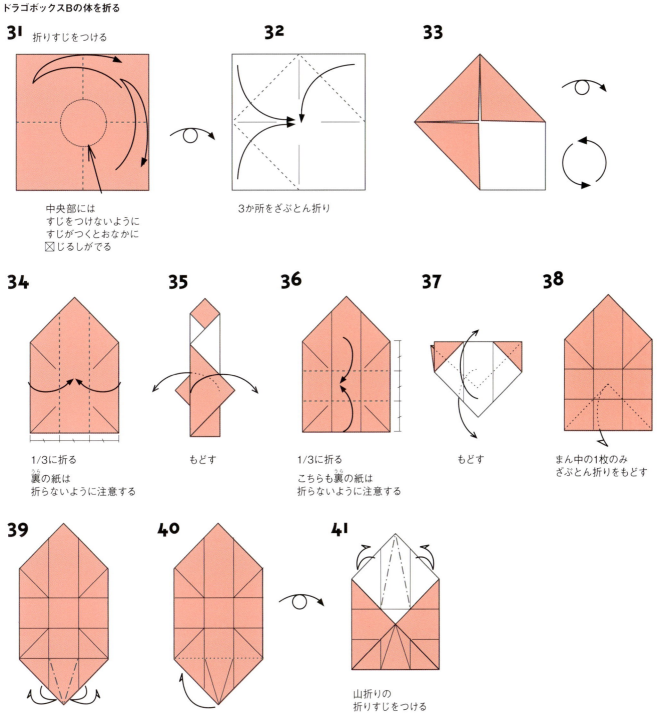

Drago-box B・K ドラゴボックス B・K

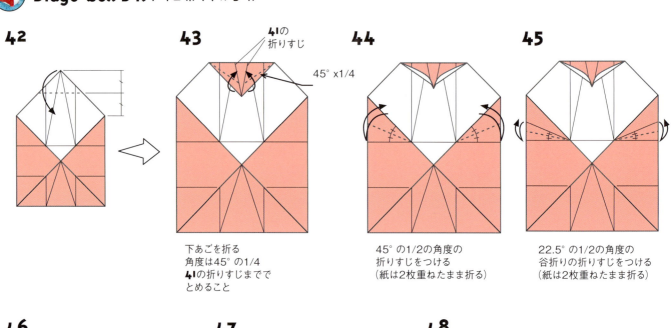

43 下あごを折る
角度は45°の1/4
41の折りすじまでで
とめること

44 45°の1/2の角度の
折りすじをつける
（紙は2枚重ねたまま折る）

45 22.5°の1/2の角度の
谷折りの折りすじをつける
（紙は2枚重ねたまま折る）

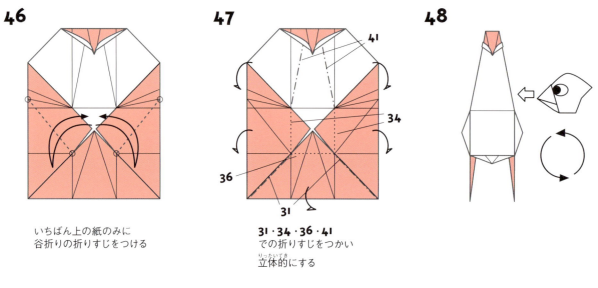

46 いちばん上の紙のみに
谷折りの折りすじをつける

47 31・34・36・41
での折りすじをつかい
立体的にする

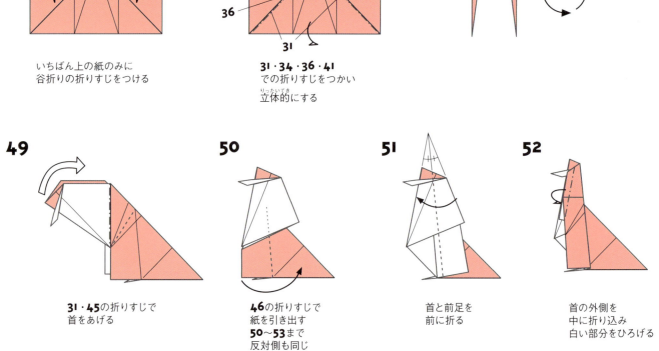

49 31・45の折りすじで
首をあげる

50 46の折りすじで
紙を引き出す
50〜53まで
反対側も同じ

51 首と前足を
前に折る

52 首の外側を
中に折り込み
白い部分をひろげる

haco doubutu

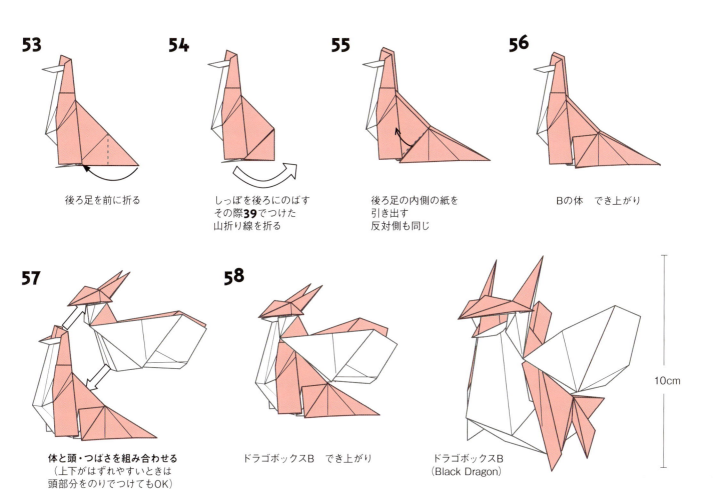

ドラゴボックスKの体を折る

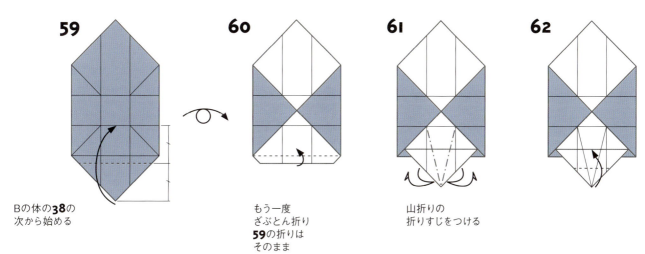

Drago-box B・K ドラゴボックス B・K

63
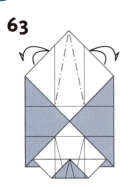
山折りの
折りすじをつける

64
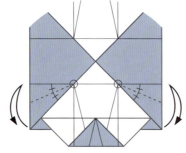
45°の1/2の角度の
谷折りの折りすじをつける
（紙は2枚重ねたまま折る）

部分的に
大きく

65
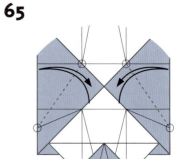
いちばん上の紙のみに
谷折りの折りすじをつける

66
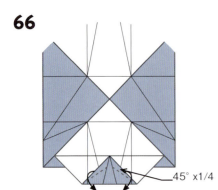
45°×1/4

下あごを折る
角度は45°の1/4

67
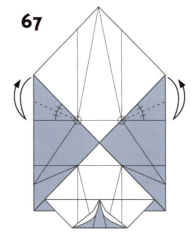
45°の1/2の角度の
谷折りの折りすじをつける
（紙は2枚重ねたまま折る）

68
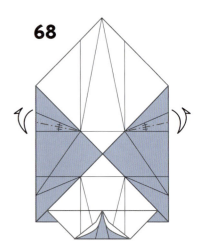
22.5°の1/2の角度の
山折りの折りすじをつける
（紙は2枚重ねたまま折る）

69
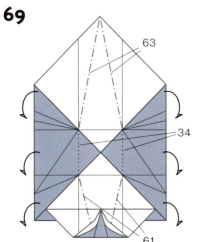
63
34
61

34・61・63の
折りすじをつかい
立体的にする

70・71
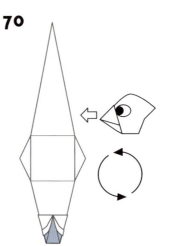
下あごを引きあげる

haco doubutu

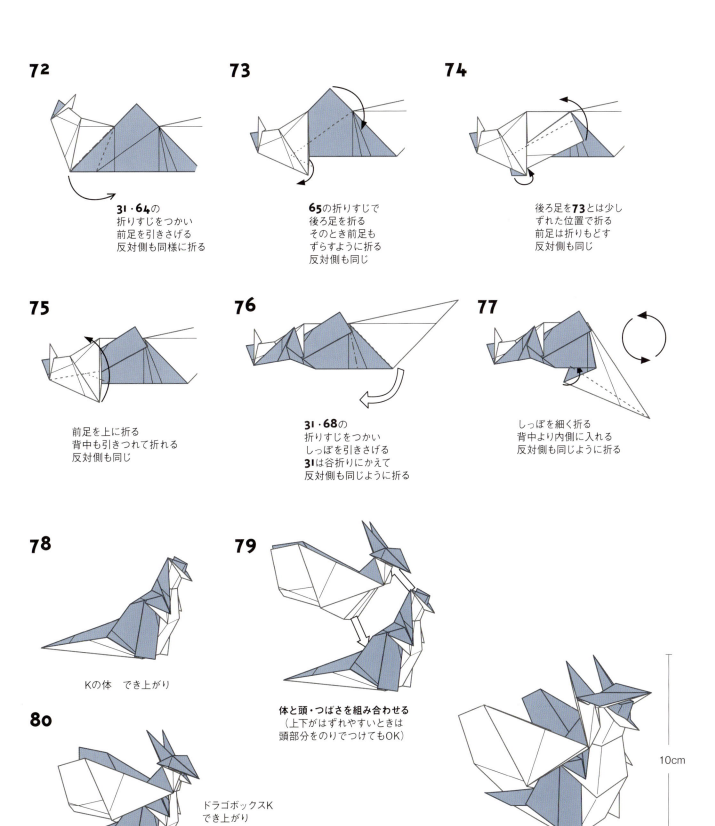

Pyramid-Rooster・Pyramid-Hen・Chick・Chick,newborn
はこおんどり・はこめんどり・ひよこ・ひよこ（生まれたて）

おんどりとめんどりでは折り方がちがうけど、
どちらも折りあがった下半分の体に上半部をかぶせます。

haco doubutu

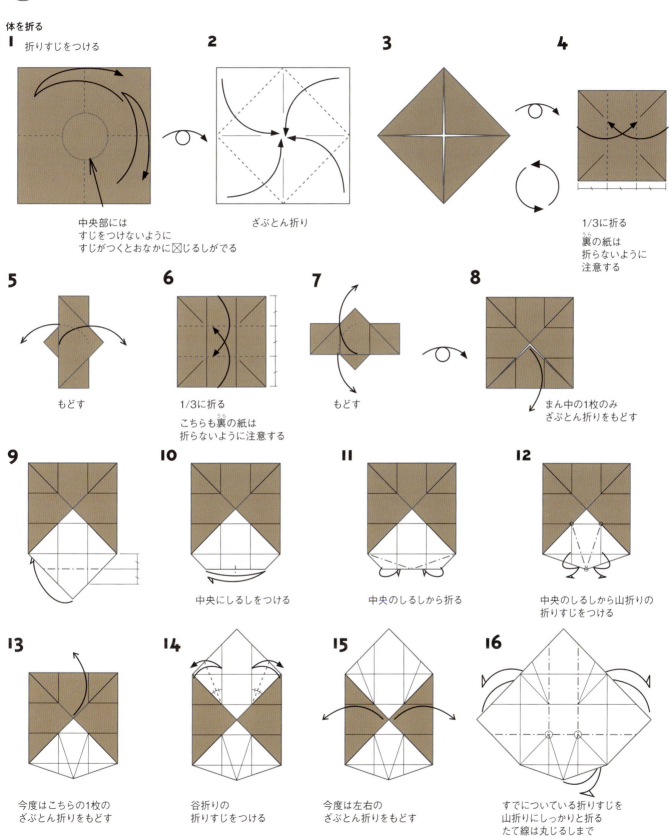

Pyramid-Rooster はこおんどり

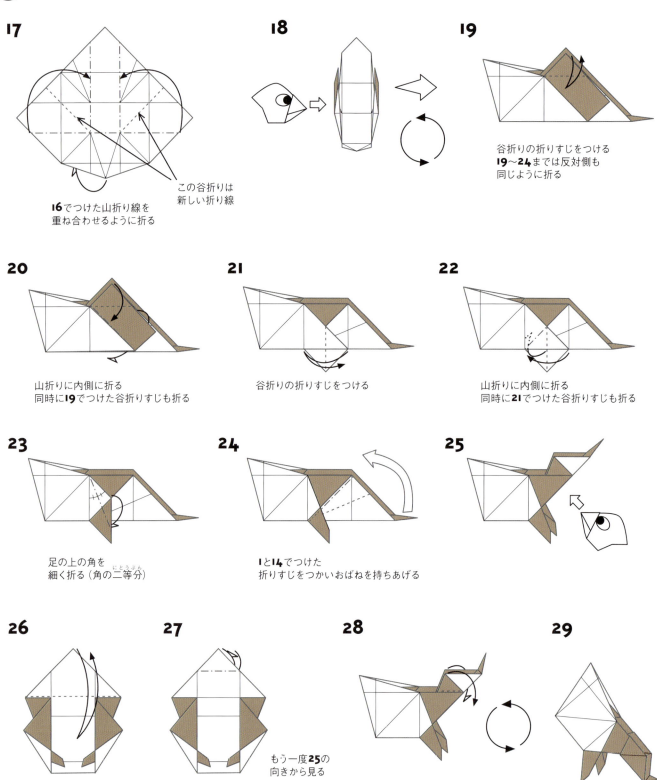

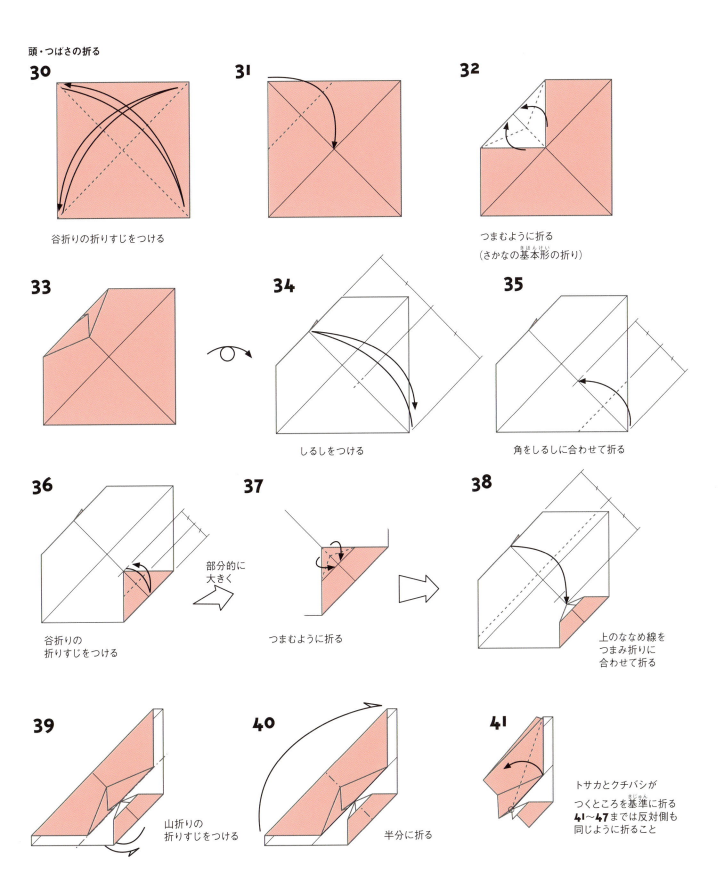

Pyramid-Rooster はこおんどり

42
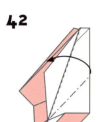
つばさを谷折り
同時に**39**の
山折りも折る

43
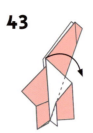
もどすようにつばさを折る
クチバシにかかる
場合もあるが
気にせず同時に折る

44
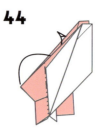
つばさにそって
背中を中わり折り
（トサカを折らないように）

45
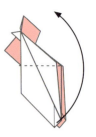
つばさを上に折る
44で折った背中の紙は
折らないように注意

46
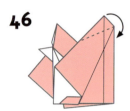
つばさの先を折る

47
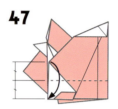
つばさを下に折る

48
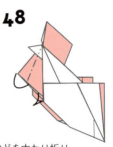
のどを中わり折り
クチバシを折らないように

49
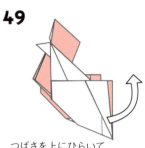
つばさを上にひらいて
内部を折る

50
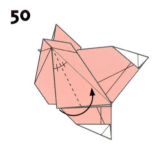
44で折ったなかの紙を
1/2に折る
（角の二等分）

51
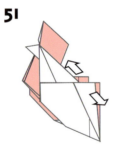
少し左右にひろげる

52

後ろから見るとこうなる

53
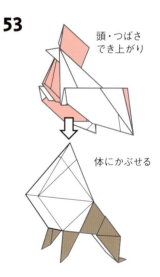
頭・つばさ
でき上がり

体にかぶせる

54

はこおんどり
でき上がり

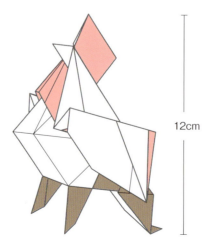
12cm

haco doubutu

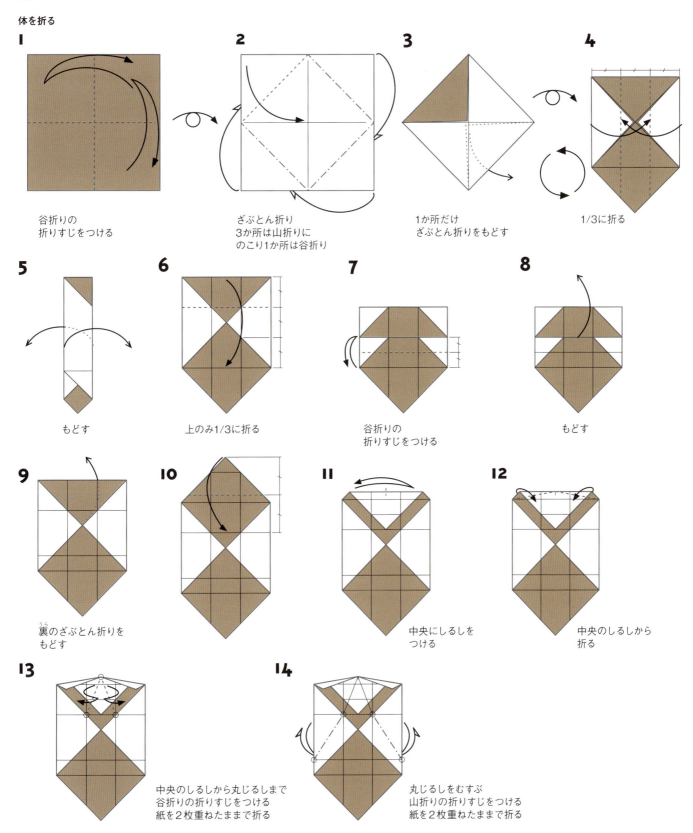

Pyramid-Hen はこめんどり

15
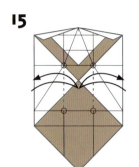
丸じるしと丸じるしの間のみ
4でつけた谷折りの
折りすじをもう一度折る

16

15の位置より下は
折りすじを
山折りにかえる

17
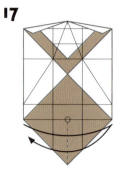
下はじから丸じるしまで
谷折りの
折りすじをつける

18
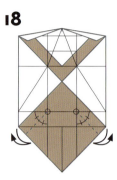
丸じるしから谷折りの
折りすじをつける

19
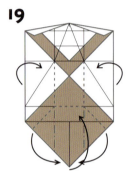
15・16・18の折りすじをつかい
立体的する

20
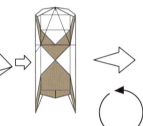

21
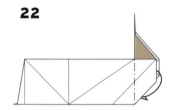
21～25は
反対側も同じように折る

22

23
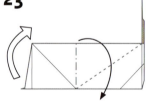
14の折りすじを折り
同時に先を引きあげる
そのとき**13**の折りすじも折る

24
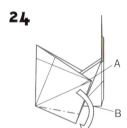
Aの折りすじを
引きさげて
Bの底面に合わせる

25
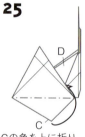
Cの角を上に折り
Dの内側に入れる

26

17の折りすじを折り
お羽を後ろに引き出す

27

おばねをかぶせ折り

28

ななめ線にそって
山折りの折りすじを
つける 反対側も同じ

29

体 でき上がり

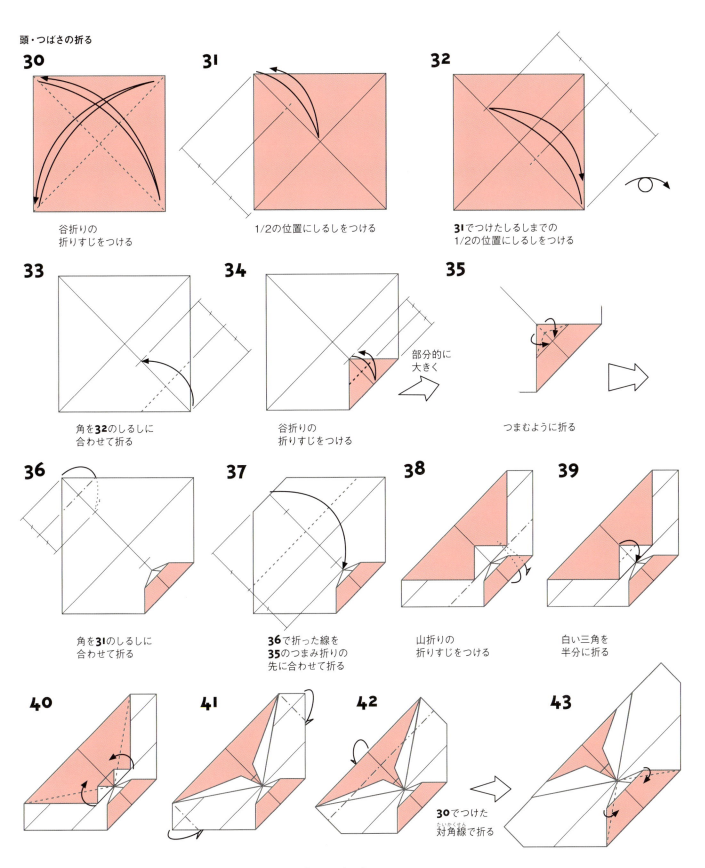

Pyramid-Hen はこめんどり

44 谷折りの折りすじをつける

45 半分に折る ただし、クチバシは折らない

46 トサカを引っぱり出す

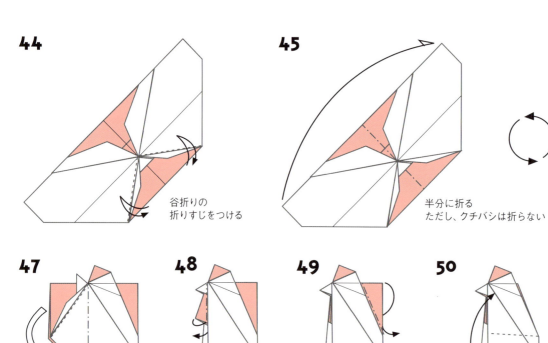

47 38・44の折り線で紙をおしこむ

48 中わり折り クチバシは折らない

49 中わり折り

50 羽を折りあげる 丸じるしがななめ線に接するようにする 50〜52は反対側も同じ

51 羽を折りさげる Eの辺とFの辺が重なるようにする

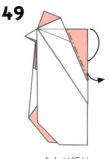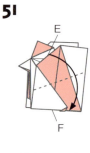

52 首すじの線にそって羽に山折りの折りすじをつける

53

54

55 53・54の折りをもどす

56 手前側のみ 53・54の折りを山谷を逆に折る 後ろから見ると

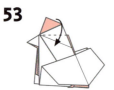

頭・つばさ　でき上がり

57 体にかぶせる

58 はこめんどり　でき上がり

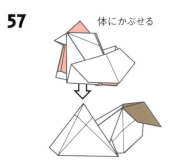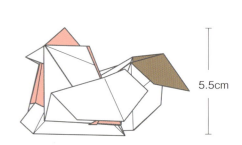

5.5cm

haco doubutu

Chick・Chick, newborn ひよこ・ひよこ（生まれたて）

ひよこと生まれたてのひよこは、はこどうぶつではありませんが折り方を紹介しています。（おんどりの半分の長さのおりがみを使用）

ひよこを折る

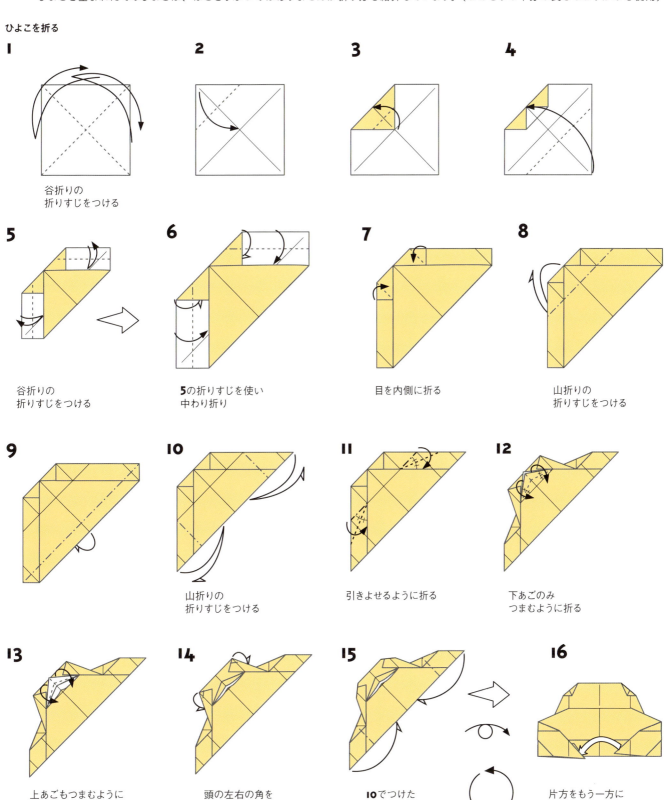

haco doubutu

Chick·Chick, newborn ひよこ・ひよこ（生まれたて）

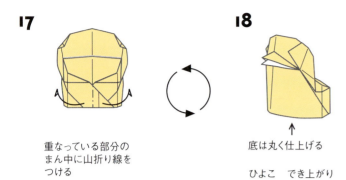

17 重なっている部分の まん中に山折り線を つける

18 底は丸く仕上げる

ひよこ　でき上がり

ひよこ（生まれたて）を折る
ひよこの **4** から折る

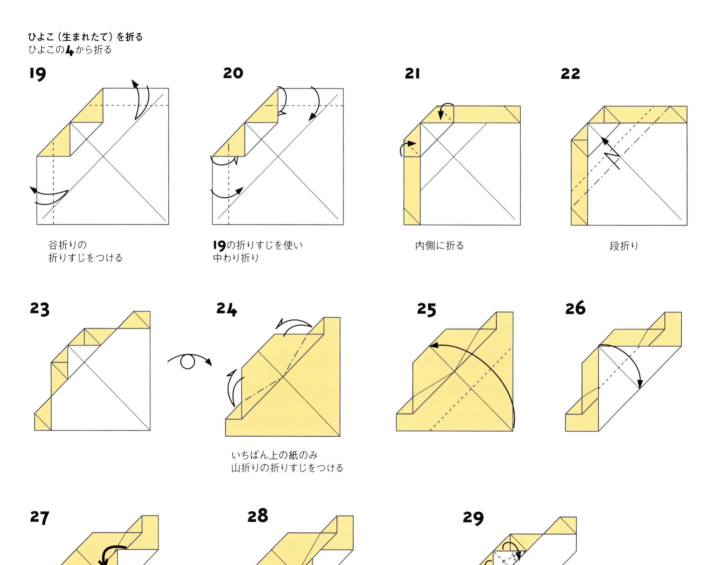

19 谷折りの 折りすじをつける

20 **19**の折りすじを使い 中わり折り

21 内側に折る

22 段折り

24 いちばん上の紙のみ 山折りの折りすじをつける

27 紙を組みかえる

29 クチバシを つまむように折る

haco doubutu

30

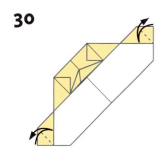

谷折りの
折りすじをつける

31

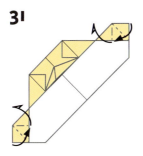

30の折りすじを使い
紙を上に引き出す

32

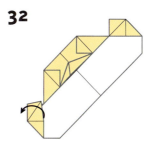

片側のみ紙を裏がえし
紙の裏を出す

33

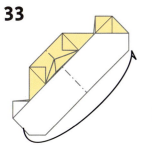

半分に折る

34

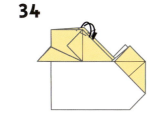

頭の左右の角を
少し内側に折る

35

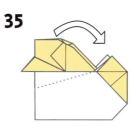

24の折りすじを使い
頭を後ろにかたむける

36

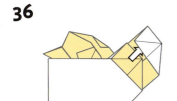

32で裏がえしてない角を
裏がえした方にさしこむ

37

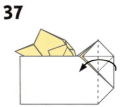

38

中わり折り

39

底を丸く仕上げる

40

ひよこ（生まれたて）
でき上がり

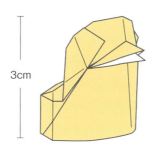

3cm

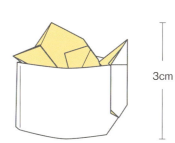

3cm

haco doubutu

木村良寿（きむら よしひさ）

1959年東京生まれ。小学5年生のとき、笠原邦彦氏の「おりがみすいぞくかん」を見て興味を覚え、おりがみを始める。中学3年のころからおりがみの創作を始めて今もなお続け、40年以上という創作歴を持つ。現在、日本折紙学会（JOAS）の会員。

[Staff]
ブックデザイン／寺山文恵
撮影／白井由香里
編集協力／三上香映　沢路美子
編集／斎藤あつこ

本誌に掲載する著作物の複写に関わる複製、上映、譲渡、公衆送信（送信可能化を含む）の各権利は、株式会社日本ヴォーグ社が管理の委託を受けています。
JCOPY ＜（社）出版者著作権管理機構 委託出版物＞本書の無断複写は著作権法上での例外を除き禁じられています。複写される場合は、そのつど事前に、（社）出版者著作権管理機構（電話 03-3513-6969、FAX 03-3513-6979、e-mail: info@jcopy.or.jp）の許諾を得てください。

充分に気をつけながら製本しておりますが、万一、落丁・乱丁がありましたらお取替えいたします。お買い求めの書店か小社販売部（TEL 03-5261-5081）へお申し出下さい。

みんなで、つくろう！
おりがみの はこどうぶつ

発行日／2017年2月19日
著者／木村良寿
発行人／瀬戸信昭
編集人／今 ひろ子
発行所／株式会社 日本ヴォーグ社
〒162-8705　東京都新宿区市谷本村町3-23
TEL／販売　03-5261-5081　編集　03-5261-5197
出版受注センター／TEL.03-6324-1155　FAX.03-6324-1313
振替／00170-4-9877
印刷／凸版印刷株式会社
Printed in Japan
©Yoshihisa Kimura 2017
ISBN978-4-529-05662-5 C0076

立ち読みできるウェブサイト「日本ヴォーグ社の本」
http://book.nihonvogue.co.jp/

あなたに感謝しております　We are grateful.

手づくりの大好きなあなたが、
この本をお選びくださいましてありがとうございます。
内容はいかがでしたでしょうか？
本書が少しでもお役に立てば、こんなにうれしいことはありません。
日本ヴォーグ社では、手づくりを愛する方とのおつき合いを大切にし、ご要望におこたえする商品、サービスの実現を常に目標としています。
小社及び出版物について、何かお気付きの点やご意見がございましたら、何なりとお申し出ください。
そういうあなたに、私共は常に感謝しております。

株式会社日本ヴォーグ社社長　瀬戸信昭
FAX 03-3269-7874

日本ヴォーグ社関連情報はこちら
（出版、通信販売、通信講座、スクール・レッスン）

http://www.tezukuritown.com/　手づくりタウン　検索

haco doubutu